怪老子的

簡單

不必死命存，一樣變有錢

理財課

怪老子◎著

Contents

推薦序　為自己注入理財基因 006

自　序　先學好理財　再開始投資 010

第1堂課　了解自我需求

1-1　簡單自我檢測　找到合適的理財方向..................................016

7種理財性格解讀

1-2　建構完整財務藍圖　循序向理想生活前進..................................025

不當「月光族」，也別淪為「守財奴」／清楚掌握資金配置方式，才是有計畫的理財／用短期財務規畫，完成中長期財務目標

1-3　備妥緊急備用金　用投資累積中長期所需資金..................................031

緊急備用金是後援，存放銀行才方便快速變現／中長期所需資金，適合投入股票型、債券型基金／訂好資金目標，算出每月應準備多少錢

1-4　製作年度預算表　3步驟輕鬆存到錢..................................040

步驟1》建立年度預算表／步驟2》確認可存下的錢是否足夠／步驟3》領到薪水就強迫儲蓄

1-5　善用「信封袋理財」概念　管理日常支出..................................057

「信封袋理財法」較能感受支付現金的真實感／消費後順手記帳，定期檢視是否透支

1-6　用對定存法　也能享受複利威力..................................064

整存整付有「複利」效果

1-7　觀察銀行牌告利率　選對機動利率、固定利率..................................074

若固定利率＞機動利率，代表銀行預測利率走揚

第2堂課 奠定理財觀念

2-1 **投資報酬率＞通貨膨脹率　才能提升金錢購買力** 080
當政府發行貨幣過多，即造成通貨膨脹／「消費者物價指數」為衡量通
貨膨脹指標／把錢投入高報酬投資組合，讓購買力不縮水

2-2 **投資報酬率愈高　複利威力愈驚人** 088
「複利」是讓資產成長的加速器／了解自身能承擔的報酬風險，找到適
當的投資配置

2-3 **隨年紀調整資產配置比重　發揮複利理財精髓** 096
享受複利，並非年輕人的專利／報酬率愈高，資金翻倍時間愈短

2-4 **換算「年化報酬率」　績效表現一目了然** 103
將累積報酬率快速換算成年化報酬率／用年化報酬率，觀察台股大盤績
效表現

第3堂課 善用投資工具

3-1 **股票＋債券　建立核心資產** 114
股票資產》聚焦定存股，股息收益優於銀行定存／債券資產》從債券型
基金入手，首選投資等級債

3-2 **試算不同資產整體績效　調整適當的股債比重** 122
買很多股票、基金，不等於做好資產配置／股債平衡配置，降低波動風
險／退休階段仍需持有少數股票資產為宜

3-3 **股票資產》首選全球市場基金、美股ETF** 132
若沒時間研究股票，可投資基金降低風險／2方案挑市場，定期定額買
入後長期持有／選長期上漲市場，遇短期大跌可加碼攤平

Contents

3-4 **債券資產》鎖定信用良好的投資等級債**..........................142
只要債券發行者不違約,持有到期就能穩賺不賠/長期持有債券型基金,可平靜看待債券短期波動

3-5 **投資等級債ETF》挑屆滿期長、殖利率高標的**....................147
美國公債ETF》長天期公債殖利率高、價格波動度大/美國投資等級公司債ETF》信評愈高則殖利率愈低

3-6 **觀察美國公債殖利率曲線 判斷股債買賣時機**....................156
債券價格低點時買進,若仍是升息趨勢可繼續加碼/當短債殖利率高於長債,可賣股買債/一旦降息趨勢確立、殖利率開始下降,可賣債買股

3-7 **堅守股票投資3重點 建立績優股組合**...........................167
重點1》挑體質好的企業,並長期持有/重點2》發現企業創造獲利能力不再,就汰弱換強/重點3》分散布局不同產業的好公司

3-8 **自製存股績效表 掌握投資年化報酬率**..........................176
記錄每筆存股現金流,1秒算出年化報酬率

第4堂課 打造財務後盾

4-1 **依目前物價+通膨率2%估算 提前準備子女教育金**............190
步驟1》估算所需資金/步驟2》推算現在起需分期投資的金額/步驟3》用2段式資產配置組合,籌備未來所需資金

4-2 **揭開「分期零利率」糖衣下的高利率陷阱**.........................203
現金價與零利率貸款價,潛藏「隱含利息」/資金年報酬率>貸款利率,才適合貸款購車/刷卡分期期數愈多,總繳金額也愈高

4-3 **從租金行情　推算合理房價** 215
步驟1》估算永久租屋的未來租金現值／步驟2》將未來租金現金視為房地產內在價值

4-4 **破解2疑問　選對房貸還款方式** 222
Q1：本息均攤、本金均攤，哪種還款方式比較好？／Q2：是否該使用「寬限期」？

4-5 **還原房貸真實年利率　挑到划算房貸方案** 228
簡單5步驟，輕鬆比較1段式、分段式利率／貸款多採機動計息，年利率會隨升降息改變

4-6 **評估壽險所需保額　用低廉保費獲健全保障** 236
釐清保障需求，再搭配適當保險／「不還本」的醫療險種才有低保費、高保障

第5堂課 安享老後人生

5-1 **搞懂退休金3大來源　及早補足缺口** 248
1.勞保的老年年金給付》由國家提供／2.勞退新制的勞工退休金》由雇主提撥／3.退休準備金》自己準備

5-2 **評估自身投資績效　決定是否參與勞退自提** 257
勞退自提可免稅，高薪者提撥愈有利

5-3 **精算每月投入本金　創造花不完的退休金** 266
步驟1》以退休時物價，估算每年生活費需求金額／步驟2》計算「花不完的退休金」具體數字／步驟3》估算每月需投入的退休準備金／步驟4》設定退休前後的投資報酬率目標

為自己注入理財基因

　　活用 Excel 在生活理財上，一直是怪老子的信念，長期以來也受到讀者諸多肯定。但有部分讀者向怪老子反映，「見到複雜的函數，馬上頭就痛了起來，能不能更簡單一點兒？」為了滿足讀者的心願，於是，有了本書《怪老子的簡單理財課——不必死命存，一樣變有錢》的出版。

　　這本書的內容規畫，就以生活中最基本的理財需求出發，搭配可適用的 Excel 表，讓讀者先搞懂觀念，再運用 Excel 作為輔助工具，按部就班，逐步累積自己的理財能力。本書以解決生活中常發生的理財問題出發，讓讀者在學習過程中，不至於有為學習而學習的痛苦感受，而是今天學了、明天馬上能利用；今天學會了、一輩子都受用。

　　舉例來說，本書一開頭，並不是教你複雜的理財公式，或是

Excel 函數，而是先檢測你的個性，再決定什麼樣的理財方法適合你，接著才進入觀念的學習與工具的活用。

作為一個財經媒體工作者與理財教育者，我深覺許多人害怕學習理財，或是花了大把時間學習，卻始終成效不彰，主因沒有先確認自己的需求，以致囫圇吞棗，學了很多片段的理財知識，卻無法形成一個有系統的正向飛輪。所以關鍵問題就是第 1 步走岔了！

讀者如能靜下心，跟著本書由淺入深，由初階的定存與收支管理出發，再慢慢進入投資工具的理解、選擇、活用，開始人生購車、買房、子女教育金、退休金安排的重要議題規畫，只要這些觀念都清楚了，可以說，整個理財的任督二脈就打通了，接下來碰到什麼進階難題，肯定都難不倒你。

對於 Excel 已經上手的讀者，本書也是一本很好的工具書。因為大多數讀者都不是天天跟 Excel 為伍，因此一本根據生活常用理財需求而有系統寫作、編排的工具書，可以讓你快速找到解答，且怪老子貼心幫大家把 Excel 表的函數都設好了，只要上網下載，就

能取得這些工具。

　　理財技術本身不難，難的是心態轉變，早期讀者沒有太多選擇，只有硬邦邦的教科書。生在這個平民理財的便利時代，沒有理由再說自己數學不好、個性不善理財等等這些托詞。建議你拋開成見，從今天開始，為自己注入理財基因，研讀此書，會是你邁向成功的第 1 步。

《Smart 智富》月刊社長

自序 先學好理財 再開始投資

認識我的人都知道，我 40 歲那年才開始學理財。那時我已在科技公司任職高階主管，年薪也有百萬元，已比一般上班族高出不少，還有將近 300 萬元的銀行存款；即使如此，我還是擔心以後錢不夠用。

我和太太育有兩個小孩，薪資要用來養家，所以我只能盡量減少基本生活之外的開銷；每個月付完生活開銷後如果有結餘，就直接存在銀行定存。我只知道要盡量省錢、增加存款，以免未來真正需要用錢的時候無法負擔，因為這樣的心態，讓我做了一個日後相當後悔的決定。

我的大女兒，從小對音樂就很有天賦，她在就讀幼兒園時，看到老師彈琴，回家後竟然可以自己用玩具鋼琴彈奏出來，我們也就順理成章讓她開始學琴。一直到她升上高中，課業變得繁忙，

我一方面擔心她的課業受影響，一方面也想省下這筆學費。我的想法是：「能省則省，現在少了一筆開銷，多存點錢總是好事。」所以乾脆順勢停掉了女兒的鋼琴課。

大女兒後來如我所願，大學考上了新聞系，但事後我才知道她原來對這門科系一點興趣也沒有。因此畢業後，她自學通過鋼琴師檢定，當上兒童鋼琴老師，後來更考取輔仁大學音樂學系碩士在職專班，重回音樂之路。

看著女兒繞了一大圈，最後仍選擇回到音樂生涯，想必當初要她放棄學琴，肯定讓她相當難受。每每想到這裡，我就十分內疚，要是我能更早懂得理財，一定會做出不一樣的決定。

雖然我 40 歲才開始學理財，但因為當時我收入高，也用對了方法，才得以早早在 50 歲告別高壓的科技業，投身喜愛的理財教學領域至今。

多年來，我只專心開設 3 門課，課程主題分別是「投資基礎理論」、「基金投資策略」以及「看懂財報選好股」。其中「投資

基礎理論」是最基本也是最重要的，因為我相信，只有真正搞懂投資的基礎原理，才能知道怎麼正確運用投資工具。

　　然而，如果不先懂得怎麼「理財」，怎麼分配好你的金錢？如此一來，是很難做好投資的，甚至可能弄巧成拙。透過這本書，我希望能夠幫助大家，把理財的基本功做好，接下來才能安心的透過投資來放大資產。

　　在閱讀這本書之前，要請讀者把一個觀念牢牢記在心裡──貨幣是有時間價值的。受到通膨影響，物價會逐漸提高，這代表著你我手中握有的金錢，購買力會持續下降；現在 100 元的商品，20 ～ 30 年後，可能需要 200 元才能買到，儲蓄與投資的重要性可想而知。

　　但你也不必為此感到過度焦慮，本書會教你如何透過適當的理財規畫，克服通膨的影響，靠自己就能準備好人生各階段需要的資金。

　　本書要獻給所有想要理財、但不知道如何著手規畫的讀者。如

果你想知道怎麼提前籌備未來要用的錢（如子女教育金）、如何
做出不畏景氣且能讓資產翻倍的投資組合、怎麼選擇最有利的房
屋貸款方案、檢視家庭需要多少壽險保額、為自己建立「花不完
的退休金」等，都能在本書中找到答案。

怪老子

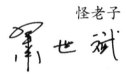

Ⓢ **本書試算表檔案下載方式**

本書所用到的所有試算表，都可以到「怪老子理財」網站本書專區下載：

1. 進入「怪老子理財」網站（www.masterhsiao.com.tw）
2. 點選左側選項「下載書籍之EXCEL檔案」項下的本書書名 ──
   《怪老子的簡單理財課》
3. 根據篇章點選檔案名稱即可下載，或直接掃描右方QR Code，亦
   可直接下載

了解自我需求

1-1 簡單自我檢測
找到合適的理財方向

　　每隔一段時間，就可以看到金融機構或媒體發布的「理財調查」相關報導，多半是說大部分國人都欠缺理財規畫、不懂得如何理財、擔心入不敷出、沒有信心累積到理想退休金……等。不曉得這些回答自己不懂理財的受訪者，後來有沒有開始學習理財知識、做出改變？

　　不理財的人，有的是不知道該從何做起，有的是完全沒有理財意識。已經開始理財的人，也有可能用錯方法，導致成效不佳。右頁的題目，請依照你目前管理金錢的實際狀況回答，可以初步檢測出你是屬於哪一種理財性格，針對每一種性格，我也提供了簡單的建議，希望能夠幫助你找到適合的理財方向。

7 種理財性格解讀

　　接下來就來看看這 7 種理財性格的特色，以及理財時應該留意的重點。如果你並不滿意自己目前的理財狀況，那麼不妨可以按照以下的理財叮嚀，嘗試做

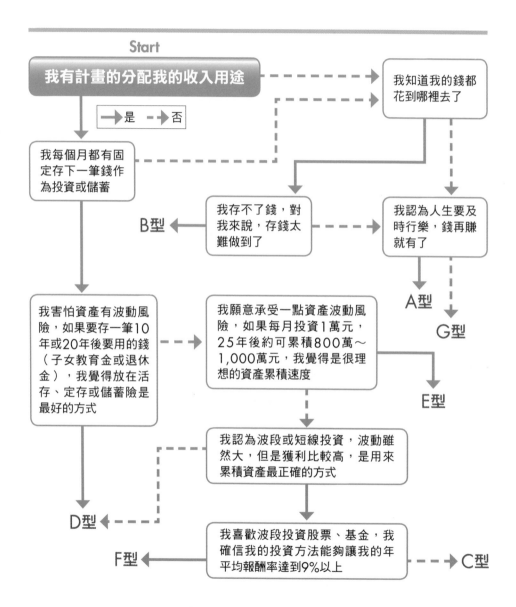

出改善。

A型》樂天的月光族

◎座右銘：「錢再賺就有」。

◎性格特色：認為「存那麼多錢，要是突然走了，花不完就太可惜了。」「錢再賺就有，還不如趁年輕體力好的時候盡情體驗世界。」「我也想存錢，但是我還有沒繳完的卡費，下半年還要去旅行，沒有多餘的錢可以存下來了。」

這種類型的人，把「存錢」的優先順序擺在最後面，幾乎每個月都把錢花光，或是先刷卡再說；只知道滿足「現在的自己」，而沒有想到「未來的自己」該怎麼辦。

◎理財叮嚀：沒有人可以預測未來會發生什麼事，但是總要考慮到各種可能性，既然會想到「活著的時候，錢花不完」，怎麼可以不考慮到「錢花完了，還得繼續活著」的情景呢？況且後者發生機率還是比較高。

建議你好好盤點自己的收入，做好金錢的分配，每月強迫儲蓄，先擺脫月光族身分。「存錢」不代表要當守財奴，人生很長，未來總會有需要花更大筆錢的時候；就當作是準備未來需要的花費，趁現在有賺錢能力時，及早儲備資金。

B型》欠缺自信的悲觀者

◎座右銘：「怎麼可能做得到」。

◎性格特色：你可能是薪資偏低的社會新鮮人，生活沒有特別奢侈，卻總是存不了錢；或是收入不差，但是生活開銷龐大，導致入不敷出，日復一日，存款始終沒有顯著增加。覺得存錢很困難，認為收入不可能在短時間內提升，支出卻莫名其妙的變多，不知道該怎麼改善。上班很辛苦，資產卻沒有隨著年齡增長，因而覺得愈來愈絕望，所以乾脆逃避，不願意積極思考怎麼改善。

◎理財叮嚀：無論是存不了錢或入不敷出，都一定要找出原因，想辦法解決、改變現狀。要是覺得自己做不到，就永遠不去做，只會繼續原地踏步，不會改善任何事。現在的你，更應該積極學理財。

建議你先透過記帳，了解自己最大的開銷是什麼？有沒有辦法縮減這部分的開銷？同時要進行「收支管理」，遵守「收入－儲蓄＝支出」的「富人公式」，透過強迫儲蓄，一定可以看到存錢的成果。先從累積一筆「緊急備用金」開始，再慢慢學習穩健的投資方法，有效的把資產累積起來。

C型》急功好利的賭徒

◎座右銘：「賺了趕快跑」。

◎**性格特色**：你有理財計畫，也知道應該利用投資來讓資產成長。在投資方面，喜歡賺快錢的刺激感，但你很有可能會犯下「亂投資」的錯誤，例如買股票時，聽到明牌就買；買了基金，則當成股票在買賣。認為投資的意義就是要在短時間得到大幅獲利，看到股票一直漲，就會忍不住進場追高，也可能會使用融資或信貸來投資；有時候還會透過權證、期貨、選擇權等衍生性商品，希望能夠以小搏大。

然而，如果仔細計算，目前的投資方式，其實無法讓你在股市的多頭期間達到 9% 以上的年化報酬率；而且本來想要有賺就跑，卻常常看錯情勢而賠錢，甚至因為使用融資，反而擴大侵蝕資產。嚴格來說，你的投資績效遠遠落後大盤表現。

◎**理財叮嚀**：你知道必須透過投資來增加資產，但如果長期以來，你使用目前的投資方法，常常是大賠小賺，這就代表你不適合現有的投資方式；繼續這樣下去，也很難突破瓶頸。建議你重新學習投資的基礎知識，建立起一個長期有效的投資獲利模式。

知名暢銷書《一個投機者的告白》作者科斯托蘭尼（André Kostolany）指出，市場上有 3 種人：「投資者」是長期持有好股票的人；「投機者」會審時度勢，巧妙放大獲利；「賭徒」則是缺乏專業知識，成天殺進殺出買賣股票；而能夠

在市場上賺錢的人，只有投資者及投機者。提醒你，千萬不要成為科斯托蘭尼筆下的賭徒。

D型》缺乏計畫的迷途者

◎**座右銘**：「有存錢就好」。

◎**性格特色**：你已經開始有計畫的理財，只是資產規畫能力尚不成熟。你可能沒有想清楚未來的資金需求，配置方式失當，使得資產累積效果不佳。除了銀行存款，不知道還有什麼穩當的方式適合累積資金？當銀行行員或保險業務員向你推銷儲蓄險，你會覺得這是一個累積資產的完美工具。

明明用 25 年累積到 1,000 萬元退休金是綽綽有餘的，卻因為把大部分資產都放在銀行存款或儲蓄險，最後卻累積不到 500 萬元，臨老時才煩惱退休金不足，事倍功半。因為不了解投資，所以感到徬徨，看到「年化投資報酬率」這幾個字就覺得「好難懂！我不適合投資！」當你發現目前資產累積的速度太慢，卻又容易受到誘惑，忍不住去投資一點股票或基金，卻常常賠錢收場，導致對於投資感到害怕，只好又重回銀行存款的懷抱。

◎**理財叮嚀**：建立你做好一套周全的計畫，把短期要用的錢和長期要用的錢分開管理。短期 3、5 年內要用到的錢，因為不希望有太大變數，是可以放在

銀行存款的。但是如果子女教育金、退休金等，可能是 10 幾年、20 幾年後才會用到，可以透過穩健的投資方式，有效的提升資產的價值。

還要注意的是，投資的錢，一定要用「閒錢」，也就是當你需要生活費、付房貸，或有臨時開銷時，都不需要動用到投資帳戶裡的資金。這樣一來，就算遇到空頭市場，也不會被逼著賠錢出場換現金。

E型》穩步前進的耕耘者

◎**座右銘**：「我要在退休前財富自由」。

◎**性格特色**：擁有一筆儲蓄，明確知道如何分配收入的用途，並且能夠持續的將一部分收入撥入儲蓄或投資帳戶，已具備理財的正確觀念。

較崇尚穩健的投資風格，也理解投資過程需要承受資產價值的波動。如果你才剛開始投資，會希望能找到有效的投資方法，以達成年化投資報酬率 6% ～ 8% 的成效；因為你很清楚，只要能達到這樣的成績，現有投資部位就能達到 9 ～ 12 年成長 1 倍的目標。

◎**理財叮嚀**：你已經有規畫金錢用途的基本能力，也擁有具體的理財目標。如果你正在尋找一套穩健的投資方法，可以利用透過「全球股票型基金」＋「全

球債券型基金」建立資產組合，按照你的年齡調整股債比重。若只想透過台灣證券市場投資，可利用台灣證券交易所掛牌的 ETF 建立投資部位（詳見第 3 堂課）。

F型》追求資產成長的快手

◎座右銘：「投資收入很快能超過薪資收入」。

◎性格特色：你已經有計畫的進行理財，如果你最近 5 年的年化投資報酬率都能夠超過 9%，甚至更高，你很可能已經找到了適合自己的投資方式；主要工具可能是股票、基金，擅長波段操作，甚至利用權證、期貨等衍生性金融商品來提高報酬率。你了解投資需要面臨的風險，目標是透過高效率的投資，讓資產盡可能的成長。不過，如果你的投資績效不是很穩定，或是投資經歷沒有超過 1 年，仍要留意現有的投資方式，是否真正適合你。

◎理財叮嚀：你的性格比較積極，如果你已經適合你的高報酬投資方法，財富自由應是指日可待。唯一要留意的是資金的控管，當投資部位愈大，愈不能輕忽風險。

如果你目前才剛開始投資不到 1 年，雖然很滿意目前績效，但因為尚未經過多空循環的考驗，心中總是有點不確定感。而要怎麼知道自己是走在正確的路

上呢？當你找到一套正確的投資方法，即使突然發生股災，或全球經濟發生衰退時，也能夠冷靜因應；你的資產可能會在過程中遇到波動，但是因為能夠創造優秀的正報酬率，長期而言會使得資產有效增長。如果你沒有信心能夠做到，就要思考如何精進投資功力，或是調整成你能夠駕馭的投資方法。

G型》需要指導的新手

◎**座右銘：**「我不知道要怎麼做」。

◎**性格特色：**每次收入進帳後，繳完該繳的錢，剩下的就是生活費。生活不一定很奢侈，甚至同事、朋友還會覺得你很節儉。有可能你平常省吃儉用，但是一有喜歡的商品，就會不加思索買回家，例如衣服、文具、電玩、化妝保養品等。也許你連自己有多少存款都不太清楚，但是因為年紀漸漸增長，認為需要開始「理財」了，只是擔心理財很困難，不知道該從何開始。

◎**理財叮嚀：**你需要將這本書從頭開始看起，了解「理財」就是「管理錢財」，且一點也不難。第 1 步就是有計畫的分配你的金錢，每月收入進帳，一定要先撥一部分到「儲蓄及投資」，一部分是生活「必要支出」，剩下的才是生活「非必要支出」。同時搭配記帳，掌握金錢的流向。許多人不想理財，是因為缺乏目標，建議你先靜下心來，好好思考你要怎麼度過接下來的人生？未來可能會需要什麼開銷？有了目標，就能透過有紀律的儲蓄及投資，朝著目標前進。

建構完整財務藍圖
循序向理想生活前進

(1-2)

「物價年年升高很有感，薪資成長卻無感」，想必是現今許多年輕上班族的心情寫照。如果沒有長輩的奧援，想要購屋、結婚、養育小孩……，實在很難做到，更別說是「財富自由」了。

如果覺得自己做不到，收入進帳多少就花多少，日子過一天算一天，這樣毫無頭緒的生活方式，就算是獲得加薪，或者天外飛來一筆意外之財，恐怕也因為缺乏規畫，而難以累積到理想的資產。要是因為生活緊迫而欠下卡債、或是去借信用貸款，接下來要面對的是沉重的債務，讓財務狀況雪上加霜。

不當「月光族」，也別淪為「守財奴」

凡事都必須事先規畫，未來才會照著計畫的方向發展，結果也才會與預期一致。就像你打算外出度假，總是得計畫好出發日期、度假地點、要玩幾天，好進一步規畫交通工具和路程，讓旅途順利。漫無目標，只會感到舉步維艱。

個人財務與家庭財務也是一樣，若沒有事先規畫，容易走入兩個極端：不是成為月光族就是守財奴。過度樂觀的人，不管明年、5 年後、10 年後需要什麼開銷，只要現在手中有錢，就想先享受再說。這種生活方式，很容易就成了月光族，等到需要大筆開銷的時候，才後悔當初怎麼不存錢。

而過度保守的人，則因為過度憂心，深怕錢不夠用；年老時，徒留大筆財富給子孫，自己反而成了守財奴，終其一生過著擔驚受怕的日子。月光族及守財奴這兩種極端，都不是我們真正想追求的人生，理想的境界是可以適度享樂，又能夠顧及未來需求。要達到這個目標，唯有做好財務規畫，才有機會達成。

清楚掌握資金配置方式，才是有計畫的理財

要有計畫的理財，首先需想清楚你的資金配置方式。一般而言，可以分為 3 個層次（詳見圖 1）：

第1層》目前生活所需

◎**現金**：每月薪水一進帳，優先要花在日常生活，包括房租、伙食費、水電費、交通費、日用品等必要花費。還有為了讓現在的生活過得開心，也會有交際、娛樂、購買非必要物品……等奢侈性的花費（如果總是存不到錢，通常最先縮減的就是這類奢侈性的開銷）。因為隨時都需要花用，多會放在銀行的活期存

圖1 按3層次配置，提前備妥未來所需資金

──資金配置順序

生息資產
製造被動收入

儲備中長期所需資金
儲備買房頭期款、
子女教育金、退休金等

目前生活所需
◎現金：用於每月生活開銷、償還債務等
◎定存：短期儲蓄、旅遊準備金、緊急備用金
◎保險：轉移重大傷病意外造成的財務風險，須建構基礎
　　　　的醫療險、壽險等保單組合

款，或是提領出現金使用。

　　◎**定存**：預估1年內要用到的開銷，可以先預留在帳戶當中，作為短期儲蓄。另外，為了因應生活中可能有緊急重要開銷，或擔心工作銜接期間沒有工作收入，則需要準備一筆「緊急備用金」。短期儲蓄和緊急備用金都是有需要時才使用，因此可以暫時放在銀行定存當中。

◎**保險**：如果突然發生重大意外或疾病，不是只有自己受苦，影響所及是整個家庭。普通家庭很難負擔得起鉅額醫藥費，為了轉移這樣的財務風險，最好能夠利用保險，建構基礎的保障，包括住院醫療險、實支實付醫療險等，如果資金能力許可，則可增加失能險。若是身為家中的經濟來源，最好能投保定期壽險，一旦因為生病或意外身故，遺屬（例如無工作能力的長輩、未成年子女等）可獲得保險理賠金的保障，不至於失去經濟依靠（詳見 4-6）。

保險是必備的配置，但是千萬不要本末倒置，買了超過需求的保單，反而造成財務負擔。

第2層》儲備中長期所需資金

滿足基本生活的資金需求是最重要的，而人生很長，你對於未來的各個人生階段，應該會有大致的規畫。例如，25 歲前後開始工作、65 歲退休、90 歲終老，長達60～70 年的日子，你可能會想成家、存到買房頭期款、養育子女、擁有一筆可達成財富自由的退休金……等，而要完成這些目標所需的資金，很難在短短幾年準備完成。

因此，最好的方法，就是提前準備，及早將部分資金投入於適當的投資組合，拉長準備的時間，壓力也會比較輕。若能夠提升工作收入，也可以撥出更多資金投入投資組合當中，讓資金累積速度加快。

第3層》生息資產

如果你的工作收入能夠持續成長，並且投資有道，那麼在預定時間內，準備好中長期所需資金，應該不是難事。當資金需求目標都能達成，你所要追求的就是「財富自由」。

什麼是財富自由？每個人定義不同，最普遍的定義就是累積到一定的資金（退休金），透過花用這筆資金，或這筆資金所能產生的年收入，足以支應你每年的開銷，讓你即使不用工作，生活也不會有後顧之憂。

這筆資金可以放在以全球投資等級債券為主的基金或 ETF，部分資金放在全球股票型基金或 ETF，這樣每年都能產生配息及資本利得，讓你終身都能花用不盡，還能傳承給後代。

用短期財務規畫，完成中長期財務目標

進行財務規畫時，又分為「短期」與「中長期」2 大方向。「短期財務規畫」，主要針對 1 年內的收入及支出，做出最好的調配。可以做出年度預算表（詳見1-4），預估當年會有多少收入、哪些費用是必要開銷、哪些支出則是非必要的奢侈性開銷、每月應該儲蓄多少金額，才能配合中長期的財務規畫；「中長期財務規畫」，則是我們在準備上述「儲備中長期所需資金」時所做的計畫，

簡單說就是為家庭建構財務藍圖。

　　對於現在的年輕人來說，子女教育金、退休金以及購屋，都是 10 幾年、20 幾年後會用到的資金，一定會面臨到通貨膨脹導致資金貶值的問題，到底要準備多少錢才夠用？每年至少要投入多少錢來準備？這些都可以利用簡單的試算表估算出來，我也會在後面的篇章做介紹。

　　學理財，不要幻想能夠一步登天、期待用 1 萬元賺到 1 億元；也不用擔心為了理財，得過著每天吃泡麵的窮苦日子。我們能做的，只是找到一種適合自己的金錢使用方式，除了滿足目前的生活所需，也能穩紮穩打的為以後累積足夠的資金。

　　錢不是萬能，但沒有錢可是萬萬不能，有了完整的家庭財務藍圖，按照所規畫之方式一步一步達成目標，整個家庭才有保障，也能夠更早完成財務自由的目標。

備妥緊急備用金 用投資累積中長期所需資金

1-3

　　沒有在理財的人，通常只會顧及眼前的生活支出，頂多預留一筆短期內要花用的錢。想要開始有目標的「存錢」，要存的當然就是「緊急備用金」和「中長期所需資金」（詳見圖1）。

　　「緊急備用金」可以放在定存；「中長期所需資金」則是把錢投入投資帳戶裡。「緊急備用金」需要優先準備，以免臨時需要用到較大筆的開銷時，被迫挪用到投資帳戶裡的錢。那麼，緊急備用金要存多少錢才夠？可以怎麼準備？我們先來仔細了解這筆錢的用途：

　　1.「**緊急開銷**」：生活中可能發生意料之外的重要花費，小則家中重要電器損壞，必須維修或更換；大則自己或親人突然生病或發生事故，或許需要你負擔臨時醫療照護支出，若手中有緊急備用金，就能夠支應這類開銷。

　　2.「**失業期間生活費**」：沒有人想要失業，就算離開上一份工作，也得要想

辦法盡快找到下一份工作；而在工作銜接的空窗期，還是得確保生活基本開銷無虞，所以我們必須預先準備這段期間的生活費。

根據勞動部 2018 年發布的「領取失業給付勞工之就業關懷調查」，領取失業給付的勞工，重返職場期間平均是 20.5 週（約 5.1 個月），年齡愈高則時間愈長，像是 45 歲以上的勞工，平均花了 24 週（約 6 個月）才重返職場。

以此為參考，「失業期間生活費」最少也要準備 6 個月所需的生活開銷，假設單身上班族的每月生活費是 2 萬元，那麼至少要存到 12 萬元才行；假設 4 口之家的每月生活費是 8 萬元，那麼至少要存到 48 萬元。

最後，視個人工作穩定度以及家庭條件，評估「緊急開銷」加上「失業期間生活費」，一共需要多少緊急備用金，估算出金額之後，就能夠開始執行。

緊急備用金是後援，存放銀行才方便快速變現

一個單身上班族，如果打算存到一筆緊急備用金 20 萬元，每月存 4,000 元，需要花 50 個月準備。要是覺得 50 個月的時間太久，或是 20 萬元太少，那就要在做年度預算時，檢討看看可以刪減哪些不必要的支出，以增加每月存錢的金額；或是在收到年終獎金時，就撥出一大部分到緊急備用金帳戶當中，盡

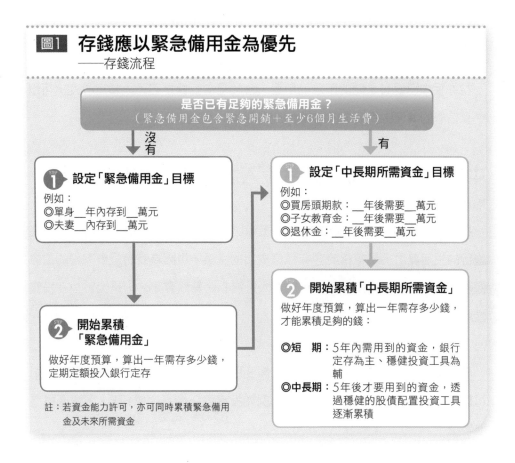

圖1 存錢應以緊急備用金為優先
──存錢流程

是否已有足夠的緊急備用金？
（緊急備用金包含緊急開銷＋至少6個月生活費）

沒有

STEP1 設定「緊急備用金」目標
例如：
◎單身__年內存到__萬元
◎夫妻__內存到__萬元

STEP2 開始累積
「緊急備用金」
做好年度預算，算出一年需存多少錢，
定期定額投入銀行定存

註：若資金能力許可，亦可同時累積緊急備用
　　金及未來所需資金

有

STEP1 設定「中長期所需資金」目標
例如：
◎買房頭期款：__年後需要__萬元
◎子女教育金：__年後需要__萬元
◎退休金：__年後需要__萬元

STEP2 開始累積「中長期所需資金」
做好年度預算，算出一年需存多少錢，
才能累積足夠的錢：

◎短　期：5年內需用到的資金，銀行
　　　　　定存為主、穩健投資工具為
　　　　　輔
◎中長期：5年後才要用到的資金，透
　　　　　過穩健的股債配置投資工具
　　　　　逐漸累積

快達成目標。

再提醒一次，因為緊急備用金要能快速變現，最適合存放在銀行；而且平時不要輕易動用，也不能跟旅遊、娛樂費等開銷混在一起，你可以視它為一種後

援的角色，只用來應付意料之外的花費。

當你手中已經有足夠的緊急備用金，會發現這就像是吞了一顆定心丸，可以更有信心的準備中長期之後所需要的資金。

中長期所需資金，適合投入股票型、債券型基金

以我個人為例，我在 50 歲時離開職場之後，就沒有固定收入，所以我放在銀行的生活費用，是相當於 3 年家庭支出的金額。也因為我有規畫完善的醫療保險，所以在醫療費用方面我不需要太過擔心。其餘資產，則是全數放在投資帳戶繼續成長。

而你可能還年輕，如果是 5 年內就需要用到的錢，不想承受過多的風險，則可以將資金投入較穩健的投資工具，例如投資等級債基金或 ETF，讓資產穩穩地累積。

如果是 5 年過後才需要用到的錢，甚至 10 幾、20 幾年後才會用到的子女教育金、退休金等，可以稍微承擔一些風險，就很適合透過股票型基金與債券型基金的投資組合，將資金逐漸累積起來。我個人一直都是使用這樣的投資方式，如果是全球股票型基金配置 60%、全球債券型基金配置 40%，年化投資

報酬率約可達到 8% ～ 8.5%。

如果想要同時存緊急備用金和未來所需資金，可以嗎？這就要視個人資金能力而定。假設每月最多只能撥出 3,000 ～ 5,000 元儲蓄或投資，我還是建議先有一筆基本的緊急備用金；存到之後，再透過投資工具，進入累積未來所需資金的階段。

假設資金能力許可，例如每月有能力撥出 2 萬元，那麼就可以將 1 萬元投入緊急備用金的累積，另外 1 萬元投入投資帳戶累積未來所需資金。等到你存到 7、8 成的緊急備用金時，可再決定是否要調整兩者的比例，例如 5,000 元存緊急備用金、1 萬 5,000 元投入投資帳戶。

訂好資金目標，算出每月應準備多少錢

訂出了具體的目標，就能算出該怎麼準備這筆資金。假設一對伴侶，已備足緊急備用金，打算從 30 歲開始，一起籌措買房頭期款，目標是 10 年後一共累積到 400 萬元，該怎麼做？

大家可能習慣用單純的算術，將 400 萬元除以 10 年，算出平均每年要存下 40 萬元，同時又覺得不太踏實，畢竟還要考慮通膨（物價上漲）的影響；

圖2 月存近2萬4,000元，10年後累積逾400萬元
—— 投資金額試算表

	A	B
1	目前可單筆投資金額(元) ❶	200000
2	投資報酬率 ❷	8.0%
3	通貨膨脹率 ❸	2.0%
4	資金需求金額現值(元) ❹	4,000,000
5	投資年數(年) ❺	10
6	資金需求未來值(元) ❻	4,875,978
7	每年需投資金額(元) ❼	284,056
8	平均每月需投資金額(元) ❽	23,671
9		
10		
11		
12		
13		
14		
15		
16		

❶ 若數值為 0 元，代表目前沒有要單筆投入資金。

❷ 意指預期年化投資報酬率為 8%。

❸ 意指物價平均每年上漲 2%。

❹ 目標是累積到等同現在的 400 萬元。

❺ 代表希望 10 年後達成目標。

❻ 10 年後與現今 400 萬元等值的金額。

❼ 每年需投入 28 萬 4,056 元。

❽ 將每年需投入 28 萬 4,056 元除以 12 個月，相當於每月需投入 2 萬 3,671 元。

那麼到底每年應該多準備多少錢才足夠？我們只要利用圖 2 的「投資金額試算表」，在黃色儲存格輸入要試算的數字，就能輕鬆算出來（詳見實戰操作）。

由於目標是累積到 400 萬元，而經過每年 2% 的通膨，10 年後必須有 487 萬 5,978 元，才會與現今的 400 萬元等值。

因此這對伴侶可以採取定期定額投資，建立預估年化報酬率 8% 的投資組合，

通貨膨脹率以每年 2% 計算，即可算出，每年投入 28 萬 4,056 元（相當於每月平均投入 2 萬 3,671 元，一人負擔約 1 萬 2,000 元），10 年後就能累積到 487 萬 5,978 元。

是不是覺得好像沒有那麼難了？工欲善其事，必先利其器，本書中除了分享理財方法，我也會提供一些好用的表格，幫助大家在存錢、投資或面對生活中各種財務問題時，能夠做出最有利的決策。

實戰操作 | **設好存錢目標後，回推每年需投入金額**

想要在未來幾年後存到一筆資金，利用Excel試算功能，就能算出每年大約需要投資多少錢：

STEP 1　建立試算表

按下圖所示建立表格，B欄黃色儲存格為資料輸入區，可先保持空白；並分別在以下3個儲存格輸入圖中顯示的公式：

❶ B6（資金需求未來值（元））：

輸入公式「=B4*(1+B3)^B5」

　　　　　　　資金需求　　通貨　投資年數
　　　　　　金額現值(元)　膨脹率　（年）

❷ B7（每年需投資金額（元））：

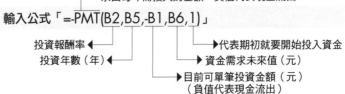

可在已知的未來值、投資年數及投資報酬率條件下，求出每年需投入的金額。負值代表現金流出

輸入公式「=-PMT(B2,B5,-B1,B6,1)」

投資報酬率◀　　　　　　　　　　　　▶代表期初就要開始投入資金
　投資年數（年）◀　　　　　　　　▶資金需求未來值（元）
　　　　　　　　　　　　　▶目前可單筆投資金額（元）
　　　　　　　　　　　　　　（負值代表現金流出）

❸ B8（平均每月需投資金額（元））：輸入公式為「=B7/12」

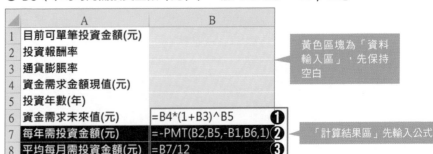

	A	B
1	目前可單筆投資金額(元)	
2	投資報酬率	
3	通貨膨脹率	
4	資金需求金額現值(元)	
5	投資年數(年)	
6	資金需求未來值(元)	=B4*(1+B3)^B5　❶
7	每年需投資金額(元)	=-PMT(B2,B5,-B1,B6,1)❷
8	平均每月需投資金額(元)	=B7/12　❸

黃色區塊為「資料輸入區」，先保持空白

「計算結果區」先輸入公式

動手試算

試算時，「資料輸入區」填寫方式如下：

❶ 目前可單筆投資金額（元）：目前若沒有要單筆投入的資金，填入「0」；此以單筆20萬元為例，則填入「200000」。

❷ 投資報酬率：填入預估的年化投資報酬率，可依個人的投資能力填寫。根據我過去採取的投資組合（全球股票型基金＋全球債券型基金），長期的年化投資報酬率約有8%。

❸ 通貨膨脹率：可填入2%（此為參考台灣「消費者物價指數年增率」，近39年（1980.03～2019.03）為2.05%，近15年、20年、30年則不到2%，本書提到通貨膨脹率時皆採取2%作為試算數值）。

❹ 資金需求金額現值（元）：填入所需要的資金目標是多少？此處以400萬元為例，即填入「4000000」。

❺ 投資年數（年）：幾年後你需要用到這筆資金？此處以10年為例。

❻ 資金需求未來值（元）：資金目標經過通貨膨脹後的未來值。

❼ 每年需投資金額（元）：每年需投入多少錢，才能達成資金需求未來值。

❽ 平均每月需投資金額（元）：以「每年需投資金額」除以12個月，自動計算每月約需投資多少金額。

	A	B	
1	目前可單筆投資金額(元)	200000	❶
2	投資報酬率	8.0%	❷
3	通貨膨脹率	2.0%	❸
4	資金需求金額現值(元)	4,000,000	❹
5	投資年數(年)	10	❺
6	資金需求未來值(元)	4,875,978	❻
7	每年需投資金額(元)	284,056	❼
8	平均每月需投資金額(元)	23,671	❽

「資料輸入區」填入試算條件

「計算結果區」顯示計算結果

製作年度預算表 3步驟輕鬆存到錢

1-4

不管是存緊急備用金，或是未來所需資金的累積，都需要進行「短期財務規畫」，執行方式是製作屬於你自己的「年度預算表」（詳見實戰操作），把 1 年內的預估收入列出來，然後規畫好怎麼分配各項支出。年度預算表通常不會一次就規畫完成，為了方便重新調整與計算，可以利用 Excel 試算表，分別加總預估收入與支出的金額，幫助你清楚看出收入減去支出後，會剩下多少能存下來的結餘，不滿意則可以進行調整，反覆調整到讓你滿意的狀況時，就可以照著預算表按表操課（詳見圖 1）。

步驟 1》建立年度預算表

年度預算表的重點在於「容易執行」，把 1 年當中會有哪些收入、支出列出來，就能算出自己 1 年大約能存下多少錢。

1.收入表：預估年度收入

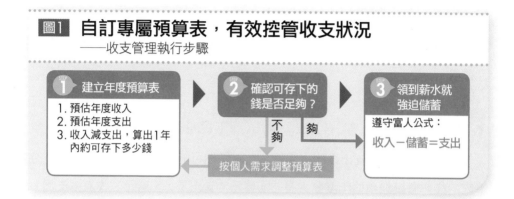

圖1 自訂專屬預算表，有效控管收支狀況
——收支管理執行步驟

STEP 1 建立年度預算表
1. 預估年度收入
2. 預估年度支出
3. 收入減支出，算出1年內約可存下多少錢

STEP 2 確認可存下的錢是否足夠？
不夠 → 按個人需求調整預算表
夠

STEP 3 領到薪水就強迫儲蓄
遵守富人公式：
收入－儲蓄＝支出

　　寫下今年度預計能領到的收入，包括「固定收入」，例如一般上班族固定領到的薪水；以及「非固定收入」，例如年終獎金、業績獎金、分紅獎金等。若不確定能夠領到多少錢，則要大概估算「至少能領到的金額」。

2.支出表：預估年度支出

　　接下來要規畫年度支出的金額，又可以分為「必要支出」及「非必要支出」。「必要支出」是維持日常生活、不可缺少的花費，包括房貸或房租、水電瓦斯費、電信費、交通費、保險費……等，是比較容易預估的項目。伙食費、日用品等花費金額可能較不固定，可以回想上一年度大約花了多少錢，估算出大致的金額。

　　「非必要支出」當然就是可有可無的開銷，例如治裝費、娛樂交際費、旅遊

等。還有一些是臨時性的開銷，例如婚喪喜慶的紅白帖、禮品等，是較難事前預估的花費，不妨另外歸類為「雜費」，例如每年預留 5,000 元～ 1 萬元彈性運用。

3.收入用途分析：算出1年內約可存下多少錢

年度收入減去年度支出後的「結餘」，就是你可能不會動用到、預估可以存下來的錢。假設你預估年度收入是 50 萬元、支出是 45 萬元，收入減支出，結餘 5 萬元就是 1 年約可存下的錢。

年度預算表的最下方，可以整理出一個「收入用途分析」表格，分別合計年度的固定支出、非固定支出、結餘的金額，並算出它們各占收入多少比重。

以圖 2 的預算表範例來說，年度收入一共是 50 萬元，而必要支出共 36 萬 7,500 元、非必要支出 8 萬 2,500 元、結餘 5 萬元，其中結餘占總收入的比重是 10%。

步驟 2》確認可存下的錢是否足夠

預算表做出來之後，必須確認能存下的錢是否足夠？能不能讓你在預定時間內存夠錢？如果足夠，就直接進入「步驟 3」。

圖2 透過年度預算表，了解結餘占總收入比重
——年度預算表範例

「收入表」可列出你所預估的年度收入

「支出表」列出你所預估的各項支出。可再分類為「必要」及「非必要」

列出支出金額，並計算各項目占總收入的比重

「收入用途分析」算出必要支出、非必要支出、結餘的金額以及占總收入比重

	A	B	C	D
	年度預算表			
	收入表			
3	收入種類	收入項目	年度收入(元)	占總收入比重
4	固定收入	薪資	450,000	90.0%
5	非固定收入	年終獎金	50,000	10.0%
6	合計		500,000	100%
	支出表			
8	支出種類	支出項目	年度支出(元)	占總收入比重
9	必要支出	房租	150,000	30.0%
10	必要支出	伙食費	120,000	24.0%
11	必要支出	日用品	50,000	10.0%
12	必要支出	保險費	25,000	5.0%
13	必要支出	水電瓦斯	10,000	2.0%
14	必要支出	電信	6,000	1.2%
15	必要支出	所得稅	5,000	1.0%
16	必要支出	交通費	1,500	0.3%
17	非必要支出	旅遊	40,500	8.1%
18	非必要支出	治裝費	20,000	4.0%
19	非必要支出	娛樂交際費	12,000	2.4%
20	非必要支出	雜費	10,000	2.0%
21	合計		450,000	90.0%
22				
23		收入用途分析	金額	占總收入比重
24		必要支出	367,500	73.5%
25		非必要支出	82,500	16.5%
26		結餘	50,000	10.0%
27		加總	500,000	

一旦發現年度能存到的錢實在不夠，無法在預定的時間累積到所希望的資金，甚至入不敷出，此時就要著手調整預算表內容。

按個人需求調整預算表

以上述預算表範例來說，1 年結餘為 5 萬元，代表 4 年後即可存到 20 萬元。假設你希望在更短時間內做到，且希望再多存一些，就要把目標結餘提高，例如把 1 年結餘 7 萬 2,000 元全都存下來，這樣只要花 3 年，就能存到超過 20 萬元。

提高結餘的方法不外乎「開源」與「節流」，如果你比較積極，可以考慮「開源」，也就是提高收入（例如兼差賺取本業之外的收入等）。要是自認無法在短時間內提高收入，就需要靠「節流」，利用節省支出創造更多的結餘。

節流的第 1 個重點是「先砍非必要支出」，不需要全數刪除，只是將金額降低，例如原本規畫全年會有旅遊預算 4 萬 500 元、治裝費 2 萬元、娛樂交際費 1 萬 2,000 元；可考慮降低旅遊預算到 3 萬 6,000 元、治裝費 1 萬 4,500 元、娛樂交際費 1 萬元（詳見圖 3）。為了存錢，旅遊時可以多比價、少買兩件衣服、少吃一頓大餐，相信不是太難辦到的事。

第 2 個重點是，若已經調整到你能忍受的極限，只好去看「必要支出」有否

圖3 調整預算表時應優先降低「非必要支出」
——年度預算表範例

	A	B	C	D
1	年度預算表			
2	收入表			
3	收入種類	收入項目	年度收入(元)	占總收入比重
4	固定收入	薪資	450,000	90.0%
5	非固定收入	年終獎金	50,000	10.0%
6	合計		500,000	100.0%
7	支出表			
8	支出種類	支出項目	年度支出(元)	占總收入比重
9	必要支出	房租	150,000	30.0%
10	必要支出	伙食費	115,000	23.0%
11	必要支出	日用品	45,000	9.0%
12	必要支出	保險費	25,000	5.0%
13	必要支出	水電瓦斯	10,000	2.0%
14	必要支出	電信	6,000	1.2%
15	必要支出	所得稅	5,000	1.0%
16	必要支出	交通費	1,500	0.3%
17	非必要支出	旅遊	36,000	7.2%
18	非必要支出	治裝費	14,500	2.9%
19	非必要支出	娛樂交際費	10,000	2.0%
20	非必要支出	雜費	10,000	2.0%
21	合計		428,000	85.6%
22				

收入用途分析	金額	占總收入比重
必要支出	357,500	71.5%
非必要支出	70,500	14.1%
結餘	72,000	14.4%
總收入	500,000	

重點2》思考能否降低「必要支出」：
必要支出很難刪除，但可以略微縮減，例如伙食費從12萬元略微縮減到11萬5,000元

重點1》優先降低「非必要支出」：
先砍非必要支出預算，例如將旅遊預算從4萬500元調降為3萬6,000元

結果》調整到結餘達成目標為止：將支出縮減後，結餘即可提高到7萬2,000元，占總收入比重也從原本的10%提升至14.4%

可以縮減的部分（例如略微下調伙食費與日用品的金額）。按照這種方式，想辦法調整出能達到 7 萬 2,000 元結餘的年度預算表。

　　年度預算的編列必須非常慎重，不可應付了事，可以調整到你能接受為止，別忘記──永遠不要挑戰自己的意志力。一開始就過度控制消費，恐讓痛苦程度飆高，導致半途而廢。然而，對自己過於縱容，勢必存不了錢。這兩者之間的界線必須拿捏得當，才能有效率的達到存錢目標。

步驟 3》領到薪水就強迫儲蓄

　　決定好 1 年要存下的錢，要怎麼確保自己能確實執行？最有效的方法是「強迫儲蓄」，將預估可存下來的金額，以定期定額的方式，在每月薪水入帳之後就先行預扣，不要輕易動用它，這樣一定可以將這些錢存下來，也就是所謂的「富人公式」：

收入－儲蓄＝支出

　　以存下「緊急備用金」為例，收入進帳之後，先把儲蓄金額移出帳戶，剩下才是可以自由花用的部分。身上沒有額外多出來的錢，就算浮現購買欲望，也會因為覺得自己沒錢可花，而打消花錢念頭。這個方法儘管老套，卻很有效。

假設目標是用 3 年時間，每年存下 7 萬 2,000 元的緊急備用金，平均每月要存 6,000 元，可以設定在薪水入帳後，就強迫預扣 6,000 元，有 2 種做法可以參考：

做法1》申請零存整付

如果你用來領薪水的銀行帳戶（簡稱「薪轉戶」）有提供零存整付的服務，可以善加利用。零存整付多以 1 年、2 年、3 年為約定期限，例如設定 3 年期的零存整付，每月存 6,000 元，以定存年利率 1.1% 計算，3 年後到期時，可存到 21 萬 9,702 元。

做法2》設定自動轉帳

如果你的薪轉戶沒有提供零存整付的服務，則可以設定「自動轉帳」，時間設定在每月領薪日之後的 3 天內，讓銀行自動幫你把該存的金額，轉到另一個有提供零存整付服務的銀行帳戶。

備足緊急備用金的人，則可以把「強迫儲蓄」改為「強迫投資」，把原本用來預扣零存整付定存的錢，改為自動轉帳到投資用的帳戶。目前定期定額申購基金的門檻多為每月 3,000 元，可再以 1,000 元為級距往上增加扣款金額。如果是透過股票下單帳戶買進指數股票型基金（Exchange Traded Funds, ETF），券商也各有不同的定期定額扣款機制，可以善加利用。

實戰操作　建立年度預算表

可從「怪老子理財」網站（www.masterhsiao.com.tw）左側選項的「下載書籍之EXCEL檔案」，點選「怪老子的簡單理財課」，下載「建立年度預算表」，這張表格所使用的功能很基礎也相當實用，讀者可自行修改收入表與支出表當中的項目與金額。有興趣自行製作年度預算表的讀者，可按照以下步驟學習：

STEP 1　製作3表格，並填入收支項目金額

按下圖所示製作：❶「收入表」、❷「支出表」、❸「收入用途分析」3張表格。其中，黃色儲存格部分，可按自己的需要，自行填入各收支項目的名稱、金額。

	A	B	C	D	E	F	G
1	年度預算表						
2	收入表						
3	收入種類	收入項目	年度收入(元)	占總收入比重			
4	固定收入	薪資	450,000				
5	非固定收入	年終獎金	50,000	❶			
6	支出表						
7	支出種類	支出項目	年度支出(元)	占總收入比重			
8	必要支出	房租	150,000				
9	必要支出	伙食費	120,000				
10	必要支出	日用品	50,000				
11	必要支出	保險費	25,000				
12	必要支出	水電瓦斯	10,000				
13	必要支出	電信	6,000				
14	必要支出	所得稅	5,000	❷			
15	必要支出	交通費	1,500				
16	非必要支出	旅遊	40,500				
17	非必要支出	治裝費	20,000				
18	非必要支出	娛樂交際費	12,000				
19	非必要支出	雜費	10,000				
20							
21		收入用途分析	金額	占總收入比重			
22		必要支出					
23		非必要支出					
24		結餘		❸			
25		加總					

將「收入表」定義為「表格」

使用者通常只是將文字和數字輸入Excel儲存格，認為這樣就已經建立好表格了。其實只要再多一個動作，就可以享有更便利的表格功能。以下示範如何將「收入表」定義為表格：

1.選取❶儲存格A3：D5範圍，點選功能表的❷「插入」→❸「表格」。

	A	B	C	D
1	年度預算表			
2	收入表			
3	收入種類	收入項目	年度收入(元)	占總收入比重
4	固定收入	薪資	450,000	
5	非固定收入	年終獎金	50,000	
6	支出表			
7	支出種類	支出項目	年度支出(元)	占總收入比重
8	必要支出	房租	150,000	
9	必要支出	伙食費	120,000	
10	必要支出	日用品	50,000	
11	必要支出	保險費	25,000	
12	必要支出	水電瓦斯	10,000	
13	必要支出	電信	6,000	
14	必要支出	所得稅	5,000	
15	必要支出	交通費	1,500	
16	非必要支出	旅遊	40,500	
17	非必要支出	治裝費	20,000	
18	非必要支出	娛樂交際費	12,000	
19				

接續下頁

2.在「建立表格」小視窗，確定❶儲存格範圍正確後，確認勾選❷「有標題的表格」，再按下❸「確定」。

即可看到原本的儲存格範圍的❹標題列（A3：D3）會出現▽篩選按鈕，代表此時已經被定義為表格。

這麼做的好處是易於維護。如果你有其他公式參照到這張表格，但你又想移動這張表格的位置，那麼在移動之後，也不用去一一修改有參照此張表格的公式，相當便利。

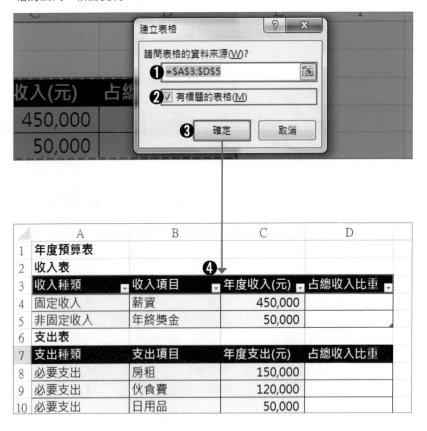

設定表格名稱

以「收入表」為例，先點選表格內任一儲存格，功能表上面就會出現❶「資料表工具」頁籤，點選其項下的❷「設計」，並在❸「表格名稱」輸入欲命名的名稱（此處以「收入表」為例），即可設定完成。

接續下頁

STEP 4

為「收入表」加入「合計列」

接著，勾選❶「合計列」，即可看到在原本收入表的最下方，增加了❷「合計」一列。

將滑鼠移到「年度收入」欄位下的❸「合計」儲存格C6，點下▽叫出選單，即可選擇❹你需要的統計功能（此處以「加總」為例），就會自動顯示❺「年度收入（元）」的合計數字，省去輸入公式的麻煩。

接下來將「支出表」按照STEP2～STEP4如法炮製。

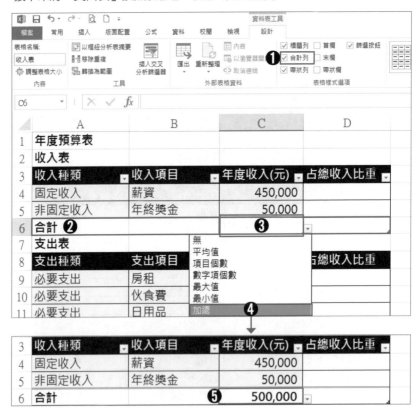

STEP 5 於「收入表」、「支出表」填入「占總收入比重」

這裡要算出收入表、支出表的「占總收入比重」，可以看出每個項目占總收入的比重。算式分別為：

◎收入表：各收入項目的「占總收入比重」＝年度收入／年度收入合計

◎支出表：各支出項目的「占總收入比重」＝年度支出／年度收入合計

我們可用點選的方式快速完成公式，以收入表為範例：

先點選儲存格D4，輸入❶「＝」，接著點選「薪資」的「年度收入」（C4），再輸入「／」，緊接著點選「年度收入」的「合計」（C6），最後按下「Enter」即可完成公式，且公式也會❷自動複製到下方儲存格。

	A	B	C	D	E	F	G
1	年度預算表						
2	收入表						
3	收入種類	收入項目	年度收入(元)	占總收入比重			
4	固定收入	薪資	450,000	=[@[年度收入(元)]]/收入表[[#總計],[年度收入(元)]]			
5	非固定收入	年終獎金	50,000	❶			
6	合計		500,000	90%			
7	支出表						
8	支出種類	支出項目	年度支出(元)	占總收入比重			
9	必要支出	房租	150,000				
10	必要支出	伙食費	120,000				
11	必要支出	日用品	50,000				

	A	B	C	D	E	F
1	年度預算表					
2	收入表					
3	收入種類	收入項目	年度收入(元)	占總收入比重		
4	固定收入	薪資	450,000	90.0% ❷		
5	非固定收入	年終獎金	50,000	10.0%		
6	合計		500,000	100%		

▼ 接續下頁

053

填入「收入用途分析」公式，即可開始試算

按下圖設定「收入用途分析」表格的公式：

首先，先設定❶「必要支出」（C24）公式：「=SUMIF(A9:A20,"必要支出",C9:C20)」；❷「非必要支出」（C25）公式：「=SUMIF(A9:A20,"非必要支出",C9:C20)」。

再設定❸「結餘」（C26）公式：「=C6-C21」、❹「加總」（C27）公式：「=SUM(C24:C26)」。最後❺「必要支出」的「占總收入比重」（D24）公式：「=C24/$C$27」，並將公式往下複製，即可完成。

	A	B	C	D	E
1	年度預算表				
2	收入表				
3	收入種類 ▾	收入項目 ▾	年度收入(元) ▾	占總收入比重 ▾	
4	固定收入	薪資	450,000	90.0%	
5	非固定收入	年終獎金	50,000	10.0%	
6	合計		500,000	100%	
7	支出表				
8	支出種類 ▾	支出項目 ▾	年度支出(元) ▾	占總收入比重 ▾	
9	必要支出	房租	150,000	30.0%	
10	必要支出	伙食費	120,000	24.0%	
16	必要支出	交通費	1,500	0.3%	
17	非必要支出	旅遊	40,500	8.1%	
18	非必要支出	治裝費	20,000	4.0%	
19	非必要支出	娛樂交際費	12,000	2.4%	
20	非必要支出	雜費	10,000	2.0%	
21	合計		450,000	90.0%	
22					
23		收入用途分析	金額	占總收入比重	
24		必要支出 ❶	367,500	73.5% ❺	
25		非必要支出 ❷	82,500	16.5%	
26		結餘 ❸	50,000	10.0%	
27		加總 ❹	500,000		

延伸學習 「SUMIF」函數說明

「SUMIF」（指定條件加總）函數可以只加總符合指定條件的儲存格數值，共包含3個引數：

=SUMIF（Range, Criteria, [Sum_range]）

指定條件的範圍◄━━━━━━━━►指定的條件━━━━━►當符合條件時需要加總的範圍

	A	B	C	D	E
1	必要	12,000			
2	必要	50,000			
3	必要	30,000			
4	非必要	20,000			
5	非必要	25,000			
6	非必要	5,000			
7					
8		137,000			
9		92,000			

函數範例1》
輸入公式「=SUMIF(B1:B6,">10000")」

函數範例2》
輸入公式「=SUMIF(A1:A6,"必要",B1:B6)」

函數範例1

於儲存格B8輸入：「=SUMIF(B1:B6,">10000")」
→將B1:B6當中超過1萬的數字加總在儲存格B8

◎ Range（指定條件的範圍）：「B1:B6」

◎ Criteria（指定的條件）：「>10000」

◎ Sum_range（當符合條件時需要加總的範圍）：此處保持空白，Excel會直接將儲存格B1:B6中超過1萬的儲存格數值加總起來。但若指定條件的範圍，及需要加總的儲存格範圍不同，那麼這裡就要輸入需加總的儲存格範圍（詳見函數範例2）

接續下頁

函數範例2

於儲存格B9輸入「=SUMIF(A1:A6,"必要",B1:B6)」
→A1:A6文字若為「必要」，所對應的儲存格B1:B6數值，則加總在儲存
**　格B9當中**

◎ Range（指定條件的範圍）：「A1:A6」

◎ Criteria（指定的條件）：「"必要"」

◎ Sum_range（當符合條件時需要加總的範圍）：「B1:B6」

1-5 善用「信封袋理財」概念 管理日常支出

　　每月收入扣掉應儲蓄金額後，剩餘的就是你當月可支出的錢，但仍要留意實際花費是否可能透支。要是對自己的意志力沒有信心，可再利用「信封袋理財」的概念，將不同支出的帳戶分類管理。

　　一類是「固定支出」，專門用來繳房租、水電費、電信費等金額較固定的費用；還有像是 1 年繳 1 次的稅費（如所得稅、牌照稅、汽機車燃料費、保險費……等），也可以先預留在這個帳戶當中。這裡的開銷多屬於必要支出，因此不得任意挪用為其他用途。

　　另一類是「非固定支出」，例如交通費、伙食費、治裝費、娛樂交際費……等，也就是平常需要領出來使用的日常花費。

　　不同類別的帳戶最好能放在不同的銀行帳戶當中，準備用於「固定支出」的錢，可以留在薪轉戶裡，專款專用；剩下的就是可以自由動用的「非固定支出」

（詳見圖 1），有 2 種做法可以參考：

1. 自動轉帳到另一個銀行帳戶

例如，預計要用於非固定支出的金額，都利用自動轉帳功能，移到另一個帳戶，而平常用餐、購物等消費，都只能從這個帳戶提領。

其實近年有多家銀行陸續推出「數位銀行」帳戶，採取線上開戶，在限額內提供與 1 年期定存相近的活存年利率，且多有提供跨行提款免手續費的優惠。如果使用這類帳戶作為非固定支出的專用帳戶，可利於跨行提領，也是個不錯的選擇。

2. 實際領出現金放到信封袋

另一個方法，是直接把用於非固定支出的金額，領出來放進信封袋當中；當皮夾裡的錢快要花光了，只能從信封袋拿錢，這時候一定會看到信封袋裡還剩幾張鈔票，讓自己花錢時更加謹慎。

你還可按照消費習慣，將信封袋功能進一步分類。例如再分為「必要支出」（伙食費、日用品、交通費⋯⋯等）、「非必要支出」（治裝費、娛樂交際費⋯⋯等）2 類，每個信封袋只放進該類別的預算金額。其實這就是傳統的「信封袋理財法」，目的是幫助我們要控管支出，避免超出預算。

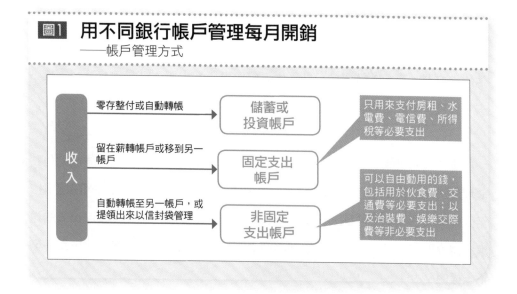

圖1 用不同銀行帳戶管理每月開銷
　　──帳戶管理方式

收入

零存整付或自動轉帳 ➔ 儲蓄或投資帳戶

留在薪轉帳戶或移到另一帳戶 ➔ 固定支出帳戶 → 只用來支付房租、水電費、電信費、所得稅等必要支出

自動轉帳至另一帳戶，或提領出來以信封袋管理 ➔ 非固定支出帳戶 → 可以自由動用的錢，包括用於伙食費、交通費等必要支出；以及治裝費、娛樂交際費等非必要支出

「信封袋理財法」較能感受支付現金的真實感

你可能覺得，現在誰還會用真的信封袋理財啊？畢竟信用卡優惠這麼多，又能分期付款降低付款壓力；另外，金融服務愈來愈便利，付款方式變多元，以前只收現金的超商、攤商、飲料店和速食店，也紛紛開放電子票證（悠遊卡、一卡通等）或行動支付付款，甚至有各種點數及現金回饋活動……等好康，只用現金支付不是太傻了嗎？

精明的消費者，當然可以在預算內，善用信用卡或行動支付平台，用較划算

的價格購物並賺取回饋金。但是，如果是缺乏自制力的消費者，很容易為了賺取回饋，多花費不必要的錢，更不會去留意自己還有多少預算能夠使用。等到信用卡帳單一來，才驚覺自己花了太多錢、繳不起卡費；若是這樣惡性循環下去，一直只繳最低繳款金額，動用到循環利息，恐陷入卡債的深淵。

如果你是月光族，怎樣都存不到錢，那麼你千萬不能看不起這種傳統的信封袋理財法。日常消費盡量用現金支付，可以親眼看到還剩下多少現金可以使用，至少能降低透支的可能性。同時，現金付款可以讓你親自感受鈔票流出去的速度，體會到花錢真的如流水，這和簽個名就可以買到東西的感覺相比，是完全不一樣的。

消費後順手記帳，定期檢視是否透支

每次消費之後，最好也能順道把支出金額記錄下來，幫助自己了解「錢到底花去哪裡了」？

勤勞一點的人，可以手寫在記帳本裡，回家後輸入到 Excel 記帳表，每月就能統計各類別花了多少錢。如果嫌麻煩，更簡便的方式是安裝自己使用順手的記帳 App，剛開始使用時，可以設定好支出項目名稱並做好分類（最好能直接對應你的年度預算表）；之後每次消費只要點選分類、輸入消費金額、是用現

金或是刷哪一張信用卡，系統就會自動統計每日的開銷。

當你常常檢視實際的支出金額，可以依照以下重點，控管接下來的開銷：

重點1》檢視「錢還夠不夠用？」

習慣用現金支付的人，只要看看信封袋裡面，或是查看帳戶餘額，就能知道這個月還剩下多少錢可以花。

習慣刷卡的人，則要留意卡費累積金額，評估銀行帳戶餘額是否足夠繳交卡費？如果發現有危險了，就先把信用卡收起來暫停使用。

重點2》檢視「會不會超出預算？」

常常檢視各個支出項目，是否可能超過預算。以伙食費為例，假設每個月規定自己只能花 1 萬元，平均 1 天只能花 330 元左右；偏偏伙食費金額都不太固定，有時去超市採買一趟就花了 2,000 元，有時外食費花得多、有時花得少，要怎麼控制？

其實只要每星期大概查看一下，估算到月底時，伙食費支出是否可能超出預算即可；只要不吃得太奢侈，通常都能控制在穩定的區間。如果真的很有可能超支，還是得盡量控制接下來的開銷。

較難控制的則多屬非必要支出，以治裝費為例，遇到換季折扣的時候，往往容易一次就花掉大部分的治裝費預算。假設你規定自己今年只能花 1 萬 5,000元添購新衣，才過半年，就花了 1 萬元，那麼下半年花費就必須控制在 5,000元之內。

重點3》若有類別支出超出預算，需縮減其他類別預算

生活中有各種意想不到的開銷，以娛樂交際費為例，不論是工作人脈的交際應酬，還是同學、朋友們的聚會，常因人情壓力而不好推辭，且若聚會地點的消費水平又高於預期，就很容易導致超支。

如果確定已經超支了怎麼辦？那麼只好彈性縮減其他類別的預算，讓全年度預算能夠控制即可。

或者，若你有一群朋友習慣每個月一起聚餐，或許可以考慮每 2 個月參加 1次；或是其中幾次可以改到其他消費水平較低的地點，如此一來仍可以控制預算並兼顧友情的維繫。

重點4》年底時根據當年實際開銷，規畫下一年度預算

記帳最大的好處，是可以清楚看到自己的現金流向，這一年總共有多少實際收入？都把錢花在哪裡？有哪些是在意料之外的支出？如果發生透支，原因是

什麼？

　　然後，認真想一想，下一年度的預算需不需要調整？或許你會發現，你其實高估或低估了某類預算；或是有些錢不一定要花，還是可以過得很舒服，省下的錢就投入儲蓄或投資帳戶，加速資產的累積。

⬤ 1-6 用對定存法 也能享受複利威力

　　將短期儲蓄或是緊急備用金放在銀行定存，除了可以領到比傳統活期存款更高的利息，也因為定存需要和銀行約定存款期間，平常刷存摺時不易看到這筆錢，比較不會輕易花掉。定存除了親自到銀行臨櫃辦理，透過網路銀行申辦也很便利。辦理定存時可以看到，有「定期存款」（未存滿 1 年）和「定期儲蓄存款」（存滿 1 年以上）的分別，後者更有零存整付、整存整付和存本取息這 3 種讓你選（詳見表 1），這時只要根據實際理財需求來選就對了：

需求A》存錢新手每月強迫儲蓄→選「零存整付」

　　想要好好累積第一筆存款，最適合用零存整付。只要做好約定，銀行就會幫你每個月扣一筆金額到定存帳戶裡，最低扣款金額 1,000 元，存款期間最少 1 年。等到存款期間到了，就可以拿回本金加利息（詳見實戰操作）。

　　若是臨櫃辦理的定存單，到期時會需要再跑一趟銀行解約，本金及利息才會轉入活存帳戶；而在網路銀行申辦的話，通常不必特別解約，就會在約滿時轉

表1 零存整付及整存整付皆以「複利」計息
——定存計息方式

存款方式		利息計算方式	利息入帳時間	單利或複利
定期儲蓄存款（存滿1年以上）	零存整付	每月利息＝「（**目前存款本金＋上月利息**）**×年利率／12**」，期滿時1次領回本金＋利息	定存到期日	複利
	整存整付	每月利息＝「（**存款本金＋上月利息**）**×年利率／12**」，期滿時1次領回本金＋利息	定存到期日	複利
	存本取息	每月利息＝「**存款本金×年利率／12**」，若存1年則共領12個月	每個月	單利
定期存款（未存滿1年）		每月利息＝「**存款本金×年利率／12**」，若存3個月則領3個月的利息	每個月	單利
活期儲蓄存款		每日存款餘額×年利率／365天×實際存款天數	通常為每年6月及12月	單利

註：活期儲蓄存款需當日存款餘額高於起息門檻才計算利息；定存若提前解約，則以實際存期打8折計算利息

入活存帳戶。此時，因為你已經存到一筆存款，即可改用下一種定存方式：整存整付。

需求B》有需要才動用的緊急備用金→選「整存整付」

手中已經有一筆錢，即可直接將這一整筆錢存為「整存整付」；通常最低存款金額是1萬元（視銀行規定），存款期間是最低1年，最長3年。因為這筆錢是在有需要時才會用到，因此在「到期續存」方式的選項，可以直接選擇

「本息自動續存」；也就是即使到期了，也會按照你原本約定的內容，讓本金及利息繼續再存下去。

如果臨時需要動用到緊急備用金，但是定存還沒有到期，可以提前解約嗎？當然可以，且不會損失任何本金，頂多是實際領到的利息，會按照實際的存款期間打 8 折。

那麼，假設緊急備用金有 24 萬元，只是臨時需要動用其中的 3 萬元，那麼另外的 21 萬元利息也會被打折，不是很可惜嗎？

別忘了，單筆 1 萬元以上就可以約定一筆整存整付定存，如果想要兼顧利息和動用資金的靈活性，可以化整為零，將一大筆資金拆成多筆定存。例如將 24 萬元拆成 12 筆定存，每筆 2 萬元；第 1 筆存 12 個月，第 2 筆存 13 個月……依此類推。這樣在 1 年之後，每個月都會有一筆定存即將到期，到時候看需要動用多少錢，就把快要到期的定存解約。

需求C》1年內會用到的短期存款→選存期1年以下的「定期存款」

如果是 1 年之內要用到的單筆資金，最短也可以只存 1 個月，銀行稱之為「定期存款」，最低存款金額通常也是 1 萬元。因為存款時間短，年利率當然也會比較低（詳見表 2）。而這種未滿 1 年的定期存款是單利計息，每個月都撥利

表2 存期愈長，年利率愈高
——臺灣銀行新台幣存款牌告年利率表

類型	存期	機動利率（%）	固定利率（%）
定期儲蓄存款	3年	1.165	1.115
	2年～未滿3年	1.115	1.075
	1年～未滿2年	1.090	1.070
定期存款	9個月～未滿12個月	0.950	0.910
	6個月～未滿9個月	0.835	0.795
	3個月～未滿6個月	0.660	0.630
	1個月～未滿3個月	0.600	0.600
活期儲蓄存款		0.200	—
活期存款		0.080	—

1年以上的定期儲蓄存款年利率（包括整存整付、零存整付、存本取息）

1年以下的定期存款年利率

一般個人存戶所適用的活儲年利率，不過通常有「起息門檻」，例如滿 5,000 元或滿 1 萬元以上才會計算利息（視各銀行而定）

通常是法人（公司）帳戶適用的活期存款年利率

註：資料日期為 2019.04.29；新台幣 500 萬元以上另有適用的年利率
資料來源：臺灣銀行

息給你；假設存 9 個月，那麼每存滿 1 個月，銀行就會將這 1 個月的利息撥進你的活存戶頭。

整存整付有「複利」效果

定期存款可以每個月領利息，好像很不錯？有沒有可以存 1 年以上、也能每個月領利息的定存呢？有的，那就是「存本取息」。不過，辦理定存時，並不

建議選存本取息這種方式，有兩個原因：

第 1，把錢放定存，只是把之後要用的錢先預留起來，因此你沒有每月領利息的實際需求。

第 2，同樣都是存 1 年，整存整付實際領到的總利息，會比存本取息高一些。

為什麼呢？這跟銀行的計息方式有關。來考考大家，假設存入一筆 10 萬元的整存整付，存款期間 1 年，年利率 1.07%，1 年後可以領到多少利息？下列 2 個選項，你覺得哪個才是正確答案？

選項 1》1,070 元
選項 2》1,075 元

由於 1 年的利息算法為「本金 × 年利率」，如果直接用「存款本金 10 萬元 × 年利率 1.07%」，會算出 1,070 元，不過這並不是正確答案；實際上你會領到的是 1,075 元。

原因在於，銀行對於整存整付的計息方式，是每個月都會算 1 次利息，而且每個月的利息會加進本金，去計算下個月的利息。也就是說，第 1 個月是用「10

萬元本金」算出89.2元的當月利息（＝10萬元×年利率1.07%／12個月），但因為利息還沒有要發給你，所以利息會加入10萬元本金；到了第2個月，則用「本金10萬元＋第1個月利息89.2元」去計算第2個月的利息……依此類推，而這種計息方式就稱為「月複利」，也就是每月複利1次。

別看到「複利」這2個字就覺得很困難，複利的意思很簡單，就只是「利息滾入本金」而已；所以「月複利」就代表「每月都把利息滾入本金1次」。

至於「存本取息」也是每個月算1次利息，不過因為每滿1個月，利息就會撥給你，沒有滾入本金；所以到了第2個月，用來算利息的本金依舊只有10萬元，因此最後的總利息會比整存整付更低，而這種計息方式稱為「單利」。

以這個例子來看，只存10萬元，單利和複利的利息，1年只差了5元，沒有什麼大不了的，要是只存1萬元，差距不就更小了嗎？為什麼要計較這個？

沒有錯，金額愈小，愈感覺不出有沒有複利的差別。但是當投入金額愈大，以及年利率愈高的時候，單利和複利會產生天差地遠的效果！當你開始投資之後，掌握複利的重要性，將會幫助你創造理想的獲利。這部分我會在下一個篇章說個清楚。

實戰操作　計算零存整付、整存整付期末本利和

許多銀行網站都有提供存款利息試算，若想了解計算方式，可自己建立Excel試算表或到「怪老子理財」網站（www.masterhsiao.com.tw）下載。以「零存整付」和「整存整付」為例，只要輸入試算條件，就能算出存款到期時的本利和（本金加利息）。

建立試算表並輸入公式

按下圖所示建立表格，其中❶黃色儲存格為資料輸入區，可先保持空白；在「零存整付」的❷「可領回的本金＋利息（元）」（B5）輸入公式：「=FV(B2/12,B4,-B3,0,1)」；在「整存整付」的❸「可領回的本金＋利息（元）」（B11）則輸入公式：「=FV(B8/12,B10,,-B9,1)」。

	A	B	C	D
1	**零存整付**			
2	年利率(%)			
3	每月存款(元)	❶		
4	存款月數(月)			
5	可領回的本金＋利息(元)	=FV(B2/12,B4,-B3,0,1) ❷		
6				
7	**整存整付**			
8	年利率(%)			
9	單筆存款本金(元)	❶		
10	存款月數(月)			
11	可領回的本金＋利息(元)	=FV(B8/12,B10,,-B9,1) ❸		

可善用「插入函數」視窗設定公式

除了直接輸入公式之外，亦可先在B5儲存格輸入「=」，接著點選「fx」，叫出「插入函數」視窗；接著點選「FV」函數後，就會跳出FV函數引數視窗，可按說明填入引數，最後按下「確定」即可。

動手試算

設定完成後，之後只需要在黃色儲存格填入要試算的條件，即可快速算出將來可累積到的存款本金＋利息金額。

由本例可知，零存整付12個月後可累積到本金加利息為❶12萬698元，整存整付則是12個月後可累積到本金加利息❷10萬1,075元。

	A	B
1	**零存整付**	
2	年利率(%)	1.07%
3	每月存款(元)	10000
4	存款月數(月)	12
5	可領回的本金＋利息(元) ❶	120,698
6		
7	**整存整付**	
8	年利率(%)	1.07%
9	單筆存款本金(元)	100000
10	存款月數(月)	12
11	可領回的本金＋利息(元) ❷	101,075

條件：
年利率1.07%、
每月存入1萬元、
共存12個月

條件：
年利率1.07%，
期初單筆存入10
萬元，存款期間
12個月

延伸學習「FV」函數說明

計算存款本利和所使用的是「FV」（未來值）函數，是5大財務函數之一。在已知要試算的每期利率、投資本金、所投資的期數，就可以算出所投資的本金將會累積成多少錢。1期可以是1個月，也可以是1年。格式為：

=FV（Rate, Nper, Pmt, [Pv], [Type]）
　　　❶　　 ❷　　 ❸　　❹　　 ❺

❶ **Rate（期利率）**：如果以1個月為1期，這裡就要填入月利率。例如我們已知銀行存款年利率1.07%，月利率就要除以12，填入「1.07%/12」。

　這裡也可以參照到其他儲存格，例如在前述零存整付的試算當中，儲存格B2代表的是年利率，即可填入「B2/12」；而整存整付的試算，則填入「B8/12」。

❷ **Nper（期數）**：以1個月為1期，若存款期間為1年，則填入「12」，代表12個月。而前述零存整付的試算當中，儲存格B4代表的是存款月數，因此可直接填入「B4」；至於整存整付的試算，則填入「B10」。

❸ **Pmt（年金）**：「年金」代表每期固定投入一筆金額，需以負值表示，代表現金從我們手中流出，例如每月投入1萬元則填入「-10000」。

　而前述零存整付的試算當中，儲存格B3即代表每月存款金額，因此可直接填入「-B3」。至於整存整付的試算，並沒有要每月投入本金，因此可省略不填。

❹ **Pv（現值）**：代表一開始（期初）單筆投入的金額，同樣以負值表示，代表現金從我們手中流出。例如一開始單筆投入10萬元，則填入「-100000」。

　零存整付的試算當中，因為期初沒有另外單筆投入金額，可省略不填。但在整存整付的試算當中，是在期初單筆投入本金，而儲存格B9代表的是存款本金，因此可在此處填入「-B9」。

❺ Type（**期初或期末**）：FV函數的最後一個引數，在每期有投入金額的狀況（如零存整付），填入「1」代表期初就投入金額，填入「0」或省略不填則代表期末才投入金額。

由於銀行的零存整付存款是從一開始投入本金時開始計算利息，都屬於期初投入本金，因此填入「1」。

而整存整付存款是單筆投入一筆金額，並非每期投入，因此此處不需要填寫，不管填入1或0都會呈現一樣的試算結果。

1-7 觀察銀行牌告利率 選對機動利率、固定利率

很多定存族有個煩惱,在辦理定存時,常常不知道該選「固定」或是「機動」利率。這個看似簡單的選擇題,其中隱含一些道理,只是大部分的人都不知道,也就隨便猜一個。

定存利率的變化,主要是根據中央銀行每一季的利率決策而定,而銀行牌告的固定利率和機動利率數字也會不太一樣。如果你選擇的是「固定利率」,代表在存款期間內,不論是中央銀行(簡稱「央行」)升息或降息,銀行都會按照當初約定好的固定利率計息給你。「機動利率」則是存款期間內,不論遇到升息或降息,銀行都會用調整後的利率計算利息。

如果我們有預知能力,可以預知未來的利率走向,那麼要選擇機動或固定就很容易;問題是我們無法未卜先知,只能用猜的。這時我們可以參考銀行的預測,因為銀行擁有充足的資訊,對於利率未來的走勢,想必比我們掌握得更清楚;我們只要觀察銀行的牌告匯率,就可以知道銀行是如何看待未來利率走向。

若固定利率＞機動利率，代表銀行預測利率走揚

　　以 1 年期定存來舉例，如果銀行預測未來 1 年的利率走勢可能上揚，那麼未來 1 年的利率平均值，一定會高於目前牌告的機動利率，而未來 1 年的利率平均值就是銀行所認定的固定利率。也就是說，如果銀行目前 1 年期定存的固定利率高於機動利率，可以斷定銀行認定未來利率是上升的。

　　相反地，如果目前銀行的 1 年期定存固定利率低於機動利率，代表銀行認為未來 1 年利率可能下跌。而銀行對利率的預測，當然也會隨著環境改變；雖不能說是百分之百準確，但是至少能幫助我們掌握大方向。

　　像是 2008 年金融海嘯過後，台灣連續兩年降息，直到 2010 年 6 月 24 日中央銀行才宣布升息半碼（0.125 個百分點）。在央行宣布升息前，臺灣銀行（簡稱臺銀）的 1、2、3 年期定儲利率，都是固定利率比機動利率低。宣布升息後幾天，臺銀也在 6 月 28 日實施新的牌告利率表（詳見表 1），可看到 1 年、2 年期的固定利率仍比較低，但 3 年期的固定利率已經比機動利率更高，這代表臺銀認為未來可能會繼續升息，只是升息速度不會太快。

　　到了同年 9 月底，央行又再度升息半碼，可以看到臺銀對利率走勢的看法有了改變；於 2010 年 10 月 4 日的牌告利率表（詳見表 2），不管是 1 年期、

2 年期、3 年期，固定利率全都高於機動利率，可以解讀為臺銀認為未來 3 年的升息趨勢明朗。而後央行分別在 2010 年 12 月、2011 年 3 月、6 月，連續 3 季實施升息，此後維持利率不變直到 2015 年 6 月。如果當初在 2010 年 10 月時辦理定存，且選擇機動利率，就能夠參與到定存年利率升高的好處。

不過，若以近年來看，臺銀的牌告利率表從 2016 年 7 月之後，不論 1 年、2 年、3 年，機動利率都是高於固定利率，代表銀行預期利率要漲的機會不大。事實上，截至 2019 年 3 月底為止，台灣的利率是維持不變的，如果在 2016 年 7 月選擇較低的固定利率，利息就會比選擇機動利率的人更少一些。對於存款族而言，可以參考以下方式做選擇：

狀況A》看到固定利率 > 機動利率時
→之後利率可能會上漲

　1. 積極一點的人，可以選擇機動利率，看看能否真能搭上升息列車。

　2. 喜歡穩定的人，就還是選固定利率吧！

狀況B》看到固定利率 < 機動利率時
→之後利率上漲機會不大

　1. 喜歡冒險的人，可選擇機動利率，如果利率一直維持不變，可以享有比固定利率更高一些的利息。然而一旦降息，也要承擔適用利率變低的風險。

表1 固定利率＜機動利率，代表銀行認為利率上漲機率低

──2010年6月28日臺灣銀行牌告年利率

期別	機動利率（％）	固定利率（％）	
1年	1.090	1.040	固定利率＜機動利率：銀行預測未來1年至2年的利率走勢要漲的機會不大
2年	1.155	1.145	
3年	1.170	1.195	固定利率＞機動利率：銀行預測3年後利率走勢可能上漲

註：本表為存款新台幣500萬元以下適用的利率表
資料來源：臺灣銀行

表2 固定利率＞機動利率，代表銀行看好未來利率會上漲

──2010年10月4日臺灣銀行牌告年利率

期別	機動利率（％）	固定利率（％）	
1年	1.150	1.160	
2年	1.195	1.215	
3年	1.230	1.260	固定利率＞機動利率：銀行預測未來1年、2年、3年的利率走勢可能上漲

註：本表為存款新台幣500萬元以下適用的利率表
資料來源：臺灣銀行

2. 喜歡穩定的人，可選擇較低的固定利率，一旦降息，仍可適用當初約定的利率。

奠定理財觀念

投資報酬率 > 通貨膨脹率 才能提升金錢購買力

2-1

銀行定存是暫時存放資金的好地方，但是如果你打算認真累積資產，定存可不是好選擇，問題就出在銀行目前提供給存戶的利率太低了。當我們把錢存進銀行，銀行會支付利息給我們，1 年利息的計算方式是「本金 × 年利率」；例如本金 100 萬元，年利率 10%，1 年的利息就是 10 萬元（ = 100 萬 ×10%，為簡單說明，本篇文章提到銀行利息時，暫不以月複利計算）。

原本的本金加上利息後，100 萬元成長到 110 萬元；所以對於存戶來說，10% 的年利率，可視為這筆存款的 1 年「成長率」達到 10%，也可說「投資報酬率」是 10%。10% 以上的存款年利率，有可能嗎？假設你出生於 1980 年，在你出生那年，銀行的 1 年期定期存款牌告年利率就曾達到 12.5%；要是你的父母當時放了 100 萬元在銀行定存，1 年後可以領到利息 12 萬 5,000 元。

到了 1981 年，台灣的利率水準達到巔峰，最高曾達到 14.5%，而後逐漸下降（詳見圖 1），直到 1998 年，1 年期定期存款利率仍多逾 6%。假設

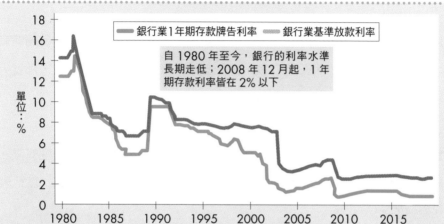

圖1 **1981年1年期定期存款利率曾高達14.5%**
──台灣金融業1年期存款利率及基準放款利率

註：資料統計自 1980 年 1 月～ 2019 年 3 月；1 年期存款利率於 2008 年 10 月以前為臺灣銀行、合作金庫銀行、第一商業銀行、華南商業銀行、彰化商業銀行之年底平均利率；2008 年 11 月以後彰化商業銀行改為臺灣土地銀行
資料來源：中央銀行

1980 年初投入一筆 100 萬元在銀行定存，每年領到的利息也持續再投入，那麼到了 1998 年底，共 19 年的時間，本金加利息共可成長到 400 萬元；資產翻倍再翻倍，不僅可以供應你的大學學費，還外加一筆買房頭期款。

當政府發行貨幣過多，即造成通貨膨脹

可是看看現在，1 年期存款利率僅有 1% 出頭，連 1980 年的 1/10 都不到；

如果我們現在投入 100 萬元到銀行定存，存款每年成長 1%，想要讓它成長到 400 萬元，得花 139 年、大概兩輩子的時間才能辦到。

所以銀行定存只能視同現金，存放短期要用到的資金就好；除非你持續擁有高收入，單純靠著收入和銀行存款，即能支應未來人生所需要的花費，那就另當別論。

銀行定存雖然可以「保本」，但是畢竟年利率太低，使存款的成長性有限。別忘了，物價會上漲，存款利息如果不夠彌補物價上漲所增加的支出，就代表錢是貶值的。

物價上漲原因來自「通貨膨脹」（簡稱「通膨」），「通貨」指的是貨幣，當政府發行貨幣過多就會造成通貨膨脹；相反地，當政府發行貨幣過少則會造成通貨緊縮。通貨膨脹會造成同樣金額的錢，未來可以買到的物品及服務變少了，簡單說，就是你手中資金的購買力變低了！

「消費者物價指數」為衡量通貨膨脹指標

要怎麼認定有通貨膨脹呢？必須是物價在一段時期當中，持續地、以相當的幅度上漲。而在實務上，被用來衡量通貨膨脹的主要指標，則是「消費者物價

指數」（CPI）。

消費者物價指數是反映與我們日常生活當中的平均物價，政府會選取食衣住行（如米、麵、蔬果、肉品、服飾、房租、交通費……）等各種商品和服務，調查它們的平均價格；再按照它們對日常生活的重要性給予不同的權重，計算出加權平均物價。

為了利於比較，會選擇某一年為基準年，將該年的消費者物價指數訂為100；之後只要將新年度的加權平均物價，除以基準年的平均物價並乘以100，就可以算出新年度的消費者物價指數。

行政院主計總處的網站（www.dgbas.gov.tw）上，每個月都會公布物價指數，我們可以從網站上查詢到消費者物價指數的歷史資料。

圖2是1981年到2018年的消費者物價指數年度資料，以2016年為基期，基期指數為100；而在1981年時，消費者物價指數為57.07，也就是說，1981年時只花57元可以買到的東西，35年後要花100元才能買到。

這張圖也明確告訴我們，消費者物價指數愈來愈高是我們無法逃避的現實；就算我們消費時，再怎麼比價、撿便宜，也無法用30年前的價格買到相同的

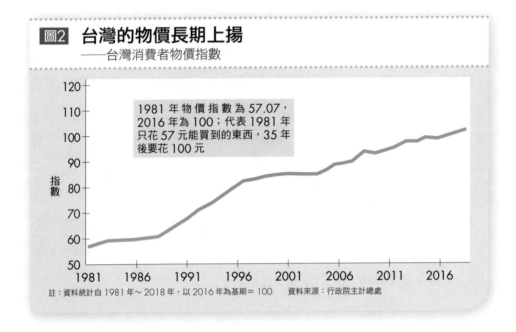

圖2 台灣的物價長期上揚
——台灣消費者物價指數

> 1981 年物價指數為 57.07，
> 2016 年為 100；代表 1981 年
> 只花 57 元能買到的東西，35 年
> 後要花 100 元

註：資料統計自 1981 年～ 2018 年，以 2016 年為基期＝ 100　　資料來源：行政院主計總處

商品。最好的方式就是想辦法提升金錢的購買力，才能讓我們維持與現在相當的生活品質。

把錢投入高報酬投資組合，讓購買力不縮水

要提升金錢的購買力，就得讓資金的成長幅度高於物價的上漲幅度。以最近30 年（1988 ～ 2018 年）來看（詳見表 1），1988 年的消費者物價指數是 60.94，2018 年是 101.98，這 20 年指數累積漲幅是 21.03%；換算成「年

表1 **近30年物價指數平均年成長1.73%**
──台灣消費者物價指數年複合成長率

年度	消費者物價指數	期間（年）	年數（年）	累積成長率（%）	年複合成長率（%）
1981	57.07	1981～2018	37	78.69	1.58
1983	59.55	1983～2018	35	71.25	1.55
1988	60.94	1988～2018	30	67.34	1.73
1993	73.83	1993～2018	25	38.13	1.30
1998	84.26	1998～2018	20	21.03	0.96
2003	85.05	2003～2018	15	19.91	1.22
2008	93.74	2008～2018	10	8.79	0.85
2013	97.76	2013～2018	5	4.32	0.85
2018	101.98	－	－	－	－

資料來源：行政院主計總處

複合成長率」（等同投資時的年化報酬率概念）是 1.73%，意思是消費者物價指數以每年 1.73% 的幅度上漲。

再看最近 25 年、20 年及 15 年（截至 2018 年），消費者物價指數年複合成長率是分別只有 1.3%、0.96%、1.22%，最近 10 年內則不到 1%。保守看來，只要台灣不出現惡性的通貨膨脹，未來 10 年、20 年的消費者物價指數，每年應不會上漲超過 2%。這也是為什麼我們一定要投資，必須把錢放在讓資金成長性高於物價漲幅（通貨膨脹率）的地方，才不會讓錢的購買力縮水。

假設通貨膨脹率每年 2%，現在 100 元可買到的東西，20 年後會上漲到 148.6 元（詳見表 2）。如果 100 元放在銀行定存，年利率維持 1.1%（存款以每年 1.1% 的幅度成長），20 年後會變成 124.5 元，根本買不起等同現在 100 元價格的商品。

不過，如果我們把資金放在每年成長 6% 的地方，100 元在 20 年後會成長到 320.7 元，就算現在 100 元的東西漲價到 148.6 元，20 年後我們不僅買得起，還有多餘的錢可以運用。

享受經濟的成長，就得要面對通膨的存在。而銀行定存可提供的報酬率，是明顯低於通貨膨脹率的，因此我們必須尋找更高報酬率的投資方法，例如基金、股票等，讓投資年化報酬率高於通貨膨脹率。

你可能會擔心，除了定存以外的投資標的，都要承擔風險，如果投資失利導致賠錢，不就弄巧成拙嗎？

當然，想要更高的報酬就必須承受風險，這就是所謂的「風險溢酬」（或稱為「風險貼水」），但也不要因此感到害怕；只要穩紮穩打、心態務實、正確的認識投資商品的風險，同時根據你的風險承受度去配置資產，還是可以在有限的風險之下，獲取穩健的投資報酬。

表2 投資報酬率需高於通膨率，才能承擔上漲的物價

──以100元為例，投入不同成長率及年數的變化結果

年數（年）	通膨率 2%	投資年化報酬率					
		1.1%	2%	4%	6%	8%	10%
5	110.4	105.6	110.4	121.7	133.8	146.9	161.1
10	121.9	111.6	121.9	148.0	179.1	215.9	259.4
15	134.6	117.8	134.6	180.1	239.7	317.2	417.7
20	148.6	124.5	148.6	219.1	320.7	466.1	672.7
25	164.1	131.5	164.1	266.6	429.2	684.8	1,083.5
30	181.1	138.8	181.1	324.3	574.3	1,006.3	1,744.9

100 元商品每年上漲 2%，20 年後會上漲到 148.6 元

投資 100 元，若每年上漲 6%，20 年後會成長到 320.7 元

註：單位為元

　　投資的目標不僅是對抗通膨，還要能加快資產的累積，才能在有生之年累積足夠資金，完成我們想要的人生目標。

2-2 投資報酬率愈高 複利威力愈驚人

利用投資讓資金成長，一定要有「複利」，但光靠複利無法發揮功效，還是需要其他條件的配合。這裡就要來考考大家，以下 3 個選項，哪種投資標的「沒有」複利效果？

選項 1》股票
選項 2》基金
選項 3》定存

如果你選不出來，恭喜你，沒有被誤導。事實上這個問題根本就不能成立，因為複利和選擇哪種投資標的無關，不管哪一種標的，只要將「獲利再投入」，就有複利效果，就是這麼簡單。

所以，即使你選的是定存，只要將每期利息都滾回本金繼續存，也是有複利效果。如果你投資 1 檔股票，假設股價都不變，而你每年都能領到股息，但你

卻把每年的股息拿去花掉，這樣也就沒有複利效果；因此，若想要有複利效果，得把領到的股息再拿去買股票才行。

「複利」是讓資產成長的加速器

要注意的是，一直將獲利再投入，雖然有複利效果，但是投資報酬率卻只有一點點，投資結果恐怕也不會多好。資金要能有效的成長，除了複利，還需要創造「高報酬率」；甚至可以說，報酬率是讓資產成長的首要條件，而複利則是一種加速器。

再複習一次，投資報酬率也可以看成資金成長率，假設投資本金 10 萬元，每一年投資報酬率都是 10%，代表資金每年成長 10%。如果每年獲利都再滾入為下一期的本金，到了第 7 年底，資金將成長至 19 萬 4,872 元，累積成長 94.87%，也就是翻了將近 1 倍（詳見表 1）。如果資金繼續以每年 10%的幅度成長，20 年後這 10 萬元會成長到 67 萬 2,750 元，40 年後會成長到 452 萬元（詳見表 2），資金成長的爆炸性真是不容小覷。

同樣有複利，但是如果每年只成長 1%，40 年後 10 萬元只能成長到 14 萬 8,886 元而已。所以我們可以明確的知道，「投資報酬率」才是真正讓資金成長的主角，複利只是配角而已；如果報酬率不夠大，複利什麼都不是。

表1 年投資報酬率10%，7年後資金幾乎翻倍
——以期初投入10萬元，每年投資報酬率10%為例

時期	年初時本金（元）	年底獲利（元）	年底本金＋獲利（元）
第1年初	100,000	10,000	110,000
第2年初	110,000	11,000	121,000
第3年初	121,000	12,100	133,100
第4年初	133,100	13,310	146,410
第5年初	146,410	14,641	161,051
第6年初	161,051	16,105	177,156
第7年初	177,156	17,716	194,872

> 第 1 年底獲利 1 萬元，本金＋獲利 11 萬元，成為第 2 年的本金

> 第 7 年底本金＋獲利累積至 19 萬 4,872 元，比當初的 10 萬元成長了94.87%

　　投資報酬率愈高，複利的效果愈明顯。每年 10% 複利可以讓 10 萬元在 40 年後成長到 452 萬元，但如果只用單利方式投資，每年都把 10 萬元產生 1 萬元獲利拿出來放到抽屜裡，不再繼續投資，這樣累積 40 年，只會有 40 萬元獲利，加上原本的本金 10 萬元，本利和一共只有 50 萬元（詳見表 3）。50 萬元和 452 萬元的差別，就是單利與複利的不同結果。因此，既然要創造高報酬率，沒有理由不運用複利，兩者都是讓資金成長不可缺少的要素。愈高的報酬率，複利所創造的威力就愈顯著，資金的累積成果就更驚人。

　　以上的試算都是假設每年投資報酬率相同的情況，實務上，投資報酬率不會每年都一樣。全球經濟有景氣循環，股市也有漲有跌，投資很難每年有穩定且

表2 10萬元每年成長10%，40年後達452萬元
──以本金10萬元試算期末累積資金為例

投資年數	1%	8%	10%	15%	20%
10年	110,462	215,892	259,374	404,556	619,174
20年	122,019	466,096	672,750	1,636,654	3,833,760
30年	134,785	1,006,266	1,744,940	6,621,177	23,737,631
40年	148,886	2,172,452	4,525,926	26,786,355	146,977,157

註：單位為元

表3 複利投資成果大勝單利
──以本金10萬元、投資40年，單利與複利的期末累積資金為例

投資年化報酬率	單利	複利	
1%	140,000	148,886	報酬率僅1%，複利與單利投資成果差距不大，甚至輸給報酬率5%的單利投資成果
5%	300,000	703,999	
10%	500,000	4,525,926	報酬率10%，40年後複利投資成果勝過單利投資8倍
12%	580,000	9,305,097	
15%	700,000	26,786,355	報酬率20%，40年後複利投資成果勝過單利投資162倍
20%	900,000	146,977,157	

註：單位為元

相同的報酬率（詳見實戰操作）。

了解自身能承擔的報酬風險，找到適當的投資配置

還有，當投資有獲利，也就是投資報酬率是正數，資金才會以複利的方式成

長；如果用錯投資方式，長期發生虧損，資金也會以複利加速縮水。

　　一旦沒有確實了解這些問題，就盲目開始投資，看到帳上出現負報酬率時，很容易追高殺低，自然也沒辦法讓資金健康的成長。

　　要知道，投資報酬率伴隨著波動風險，平均報酬率愈高，所要承擔的風險就會愈高；然而風險的另一面卻是機會，雖然投資期間的波動大，但也有機會獲得比預期更高的平均報酬率。投資就是在報酬與風險之間折衷，能夠找到自己所能承擔的風險及報酬的投資配置，才能帶給你理想的投資成果。

實戰操作　計算不同投資報酬率的資金累積結果

想要快速算出在不同的年投資報酬率，幾年後可累積到多少資金，我們可以做出一張如同本章表2的試算表：

STEP 1　建立試算表

按下圖所示建立表格，其中黃色儲存格為條件輸入區，❶「期末累積資金」（B4）則需要輸入FV（未來值）公式：

期末累積資金（B4）：「=FV(B2,B3,,-B1)」

設定完成後，輸入你的❷「投資本金」（B1，此處以10萬元為例）、❸「年投資報酬率」（B2，此處以10%為例），❹「投資年數」（B3，此處以5年為例），「期末累積資金」（B4）就會自動以FV公式運算出結果。

	A	B	C
1	投資本金	❷ 100000	
2	年投資報酬率	❸ 10%	
3	投資年數	❹ 5	
4	期末累積資金	=FV(B2,B3,,-B1) ❶	
5			
6			
7			
8			
9			
10			
11			
12			

接續下頁

建立「運算列表」

在下方建立一個空白的「運算列表」，按照下圖輸入你想試算的❶不同年報酬率（此處以1%、8%、10%、15%、20%為例），以及❷投資年數（此處以10年、20年、30年、40年為例）。

接著，在空白運算列表的左上方儲存格A6，輸入要運算的公式。由於我們要運算的公式與「期末累積資金」（B4）完全一致，因此可以直接在❸儲存格A6輸入公式「=B4」。

	A	B	C	D	E	F	G
1	投資本金	100000					
2	年投資報酬率	10%					
3	投資年數	5					
4	期末累積資金	161,051					
5							
6	=B4 ❸		1%	8% ❶	10%	15%	20%
7		10					
8		20 ❷					
9		30					
10		40					
11							
12							

tips

「雙變數運算列表」可快速顯示不同條件的計算結果

根據此張運算列表（A6：F10）左上方儲存格（A6）的公式，顯示不同變數所組成的公式運算結果。例如這張運算列表的左上方儲存格（A6）公式是「=B4」，即B4顯示的未來值公式「=FV(B2,B3,,-B1)」。由於「列變數儲存格」參照的是儲存格B2所代表的年投資報酬率，運算列表就會分別把我們於「列」所輸入的年投資報酬率1%、8%、10%、15%、20%帶入未來值公式中的「B2」，進而運算出不同年投資報酬率的公式結果。

同樣的，「欄變數儲存格」對應儲存格B3所代表的投資年數，運算列表也會將我們於「欄」輸入的10、20、30、40年，去帶入未來值公式中的「B3」，算出不同年數的公式結果。只要學會運算列表這一招，以後就不用再一項一項輸入不同的運算條件，即可快速看到在不同條件下的計算結果。

設定「運算列表」公式

框選運算列表範圍（A6:F10），點選功能表的❶「資料」→❷「模擬分析」→❸「運算列表」。於「運算列表」小視窗中點選❹「列變數儲存格」右方按鈕，接著點選儲存格B2，「列變數儲存格」就會顯示「$B$2」。下方❺「欄變數儲存格」也如法炮製為「$B$3」，並按下❻「確定」。運算列表建立完成！表中會自動顯示❼由不同年投資報酬率及投資年數所組合而成的期末累積資金表。

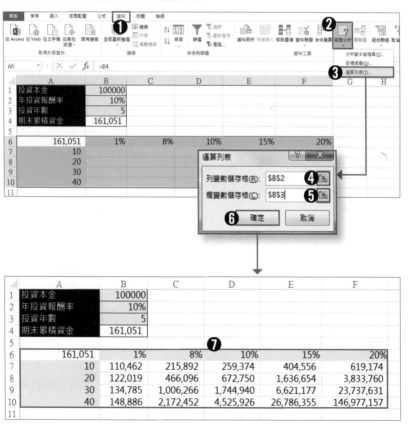

2-3 隨年紀調整資產配置比重 發揮複利理財精髓

我們再來談談一般人對複利容易有的誤解。我們在強調複利效果時，常常會用長達 40 年來舉例，其實許多理財入門書籍都是如此，難道只有年輕人才有資格利用複利累積財富嗎？

如果你跟我一樣，開始理財時已經 40 歲了，想到要花 40 年才能享受到複利帶來的財富，想必會覺得前途茫茫。

事實上，複利雖然與資產的成長跟時間長短有關，但關鍵卻在於如何縮短資產翻 1 倍所需要的時間，掌握住這一點就可以抓住複利的精髓。

享受複利，並非年輕人的專利

來看一個常被用來舉例的典型例子——每月投資 1 萬元於每年報酬率 12% 的股票型基金，40 年後基金淨值就可以成長至 9,701 萬元，將近 1 億元。

這對很多人來說，是一個天文數字，如果真的有辦法讓資金固定以每年 12% 的幅度成長，確實能達到這樣的結果。不過實務上，很難每年都能確實達到 12% 的投資報酬率。

目前 1 年期定存只有 1% 左右的年利率，想要獲得 12% 的年報酬率，當然得承受相當的風險，例如投入比較積極的股票或是股票型基金，才有機會達到。然而這類型的投資，淨值的波動相當巨大，就像坐雲霄飛車一樣。

年輕時比較沒有負擔，可以承受的波動度較大，也適合投入較積極的標的；年紀較大時，風險承受度低，也就應該保守一些，犧牲一些報酬率來換取較低的風險。投資實務上，不同年齡層的投資者，應該適用不同的投資報酬率。

先假設每年投資報酬率一樣（以投資報酬率固定為 12% 為例），連續每月投資 1 萬元，累積到第 5 年底，只會有 80 萬元；累積到第 10 年底，是 222 萬元；到了第 40 年底，才會有 9,701 萬元。

看到這裡，你可能會感嘆，可惜時光無法重回年輕的時候，如果現在已經 50 歲，哪還等得及 40 年呀！到時還能活著就不錯了，根本無法享用這些財富。

先別失望得太早，這當中還有一個玄機。

　　我們把上述例子以 Excel 列出一張各年度累積資金的表格，可以看到，若投資 5 年，只能累積到 80 萬元左右（詳見表 1）；可是第 35 年到第 40 年，這 5 年的期間期末淨值從 5,459 萬元增加到 9,701 萬元。不得了，只有 5 年的時間，居然增加了 4,241 萬元！同樣都是 12% 年報酬率，也一樣經歷了 5 年，所增加的金額，差距怎麼會這麼大？

　　主要原因是在頭 5 年，是從零元開始累積；到了第 35 年時，已經累積到 5,459 萬元。而第 35 年到 40 年所增加的 4,241 萬元，主要是由第 35 年所累積的 5,459 萬元所貢獻；至於每月新投入的 1 萬元，最後 5 年依然僅貢獻了 80 萬元。

　　所以，即便在第 35 年時，就停止投入每月 1 萬元，之後只要持續用已經累積的 5,459 萬元繼續投入，到了第 40 年底，也會擁有約 1 億元。換句話說，如果現在已經擁有 5,459 萬元，只要 5 年的時間也能累積到約 1 億元。

　　再用複利精算，12% 的投資報酬率，資產每 6.1 年就可以翻 1 倍。所以當資產到第 35 年已經累積到 5,459 萬元，只要再 6.1 年就可以翻 1 倍，那麼過了 5 年就賺到 4,241 萬元也很合理。

　　複利之所以厲害，在於有效縮短資金翻 1 倍所需的時間。仔細看看表 1，頭

表1 複利使資金增加的速度愈來愈快
──以每月投入1萬元，年投資報酬率12%為例

年數	期末淨值（元）	備註
5	80萬3,413	前5年只能累積約80萬元
10	221萬9,300	第10年比5年前增加約141萬元
15	471萬4,578	第15年比5年前增加約249萬元
20	911萬2,111	第20年比5年前增加約439萬元
25	1,686萬2,065	第25年比5年前增加約774萬元
30	3,052萬133	第30年比5年前增加約1,365萬元
35	5,459萬315	第35年比5年前增加約2,407萬元
40	9,701萬200	第40年比5年前增加約4,241萬元

註：本表運用 Excel 的 FV 函數計算，1 期為 1 個月，公式為：「＝FV（（1＋年利率）^（1／12）－1，年數 *12,-每月投入金額）」

5 年累積了 80 萬元，第 10 年比 5 年前增加了 141 萬元，第 15 年又比 5 年前增加了 270 萬元……資金增加的金額愈來愈高；可見只要擁有一定資產時，靠著複利的效果，就能夠將已經累積的財富迅速翻倍。

報酬率愈高，資金翻倍時間愈短

報酬率愈高，資金翻 1 倍所需要的時間也就愈短，且不論資產多少都適用。表 2 列出了單筆投入資金，在不同報酬率情況下，資金翻 1 倍所需要的年數；如果 100 萬元存銀行，即便是年利率 2%，利滾利也得 35 年才會翻 1 倍到

表2 年報酬率12%，6.1年資金可翻1倍
——不同報酬率情況下，單筆投資翻倍所需年數

報酬率	翻倍年數（年）	報酬率	翻倍年數（年）
2%	35.0	9%	8.0
3%	23.4	10%	7.3
4%	17.7	11%	6.6
5%	14.2	12%	6.1
6%	11.9	13%	5.7
7%	10.2	14%	5.3
8%	9.0	15%	5.0

200 萬元。

　　但對於積極的投資者，同樣的 100 萬元，只要年報酬率可以達到 12%，那麼 6.1 年就可以翻倍成為 200 萬元，再過 6.1 年又會翻倍成 400 萬元⋯⋯，也就是說，經過 24 年，100 萬元可以翻 4 次，變成 1,600 萬元。

　　投資是「錢賺錢、利滾利」，一般說來，年輕人因為薪資收入有限，能夠投資的金額相對較小，即便是拿出 15 萬元投資翻 1 倍，也只能累積 30 萬元；但是當你累積到 500 萬元，翻 1 倍之後，就是累積到 1,000 萬元。

　　所以我都鼓勵年輕朋友，現階段應該多加強自己的專業，例如以年薪百萬

為目標，薪資累積的速度會比投資獲利還要快；同時分配好薪資收入的用途，在不影響基本生活的前提下，將可投資的錢，投入較積極的資產（如年報酬率 12% 的股票型基金），參與經濟的成長，讓資產以較快的速度翻倍。

隨著年紀愈來愈高，資產累積到了一定程度，主要依賴已累積的資產來翻倍；這時候每月的薪資收入，對於整體資產成長的貢獻度自然會降低；此時就可以調整投資組合，增加低風險資產的比重，例如將年報酬率 12% 的股票型基金，調整為年報酬率 8% 的股債投資組合，讓整體資產穩定的翻倍即可。

年輕時的資產，七分靠薪資，三分靠理財；年紀大時，七分靠理財，三分靠薪資收入，這才是善用複利理財的精髓。

延伸學習　利用「72法則」速算資金翻倍時間

本章表2列出了複利讓資金翻倍的年數，其實你只要學會簡單的「72法則」，自己就可以快速算出結果。

72法則：

72／年投資報酬率＝資金翻倍年數

例如，投資100萬元，每年以年化投資報酬率12%複利成長，算法如下：

72／12＝6（年）

可以知道，這100萬元經過大約6年的時間，可以翻1倍變成200萬元。

用72法則計算資金翻倍時間，雖然不完全精確，但也八九不離十了。當你在評估要配置多少年報酬率的投資配置時，只要用72法則速算一下，可以幫助自己預估資產累積的速度。

2-4 換算「年化報酬率」績效表現一目了然

　　「年報酬率愈高，複利效果愈大」，這裡的「年報酬率」指的是「年化報酬率」，也就是獲利再投入的情況下，資金每年成長的幅度。銀行的年利率就是一種年化報酬率，假設辦理銀行 3 年期定存，固定年利率 1.1%，這筆存款就會以每年 1.1% 的幅度成長，也可以說這筆定存的年化報酬率是 1.1%。

　　銀行定存可以保證本金不變，並領到利息收益；若投資基金或股票，就不保證拿回本金和固定收益了，查看對帳單時，也只能看到整個投資期間的累積報酬率，例如：

　　投資 A 基金 2 年，100 萬元成長到 118 萬元，獲利 18 萬元，累積報酬率 18%（＝獲利 18 萬元／期初投入本金 100 萬元）。

　　投資 B 基金 3 年，100 萬元成長到 127 萬元，獲利 27 萬元，累積報酬率 27%（＝獲利 27 萬元／期初投入本金 100 萬元）。

將累積報酬率快速換算成年化報酬率

如果想要比較哪一檔投資標的表現比較好？有沒有贏過銀行定存年利率？或者兩檔不同期間的基金要比較績效，就要換算成年化報酬率才清楚。來看看「累積報酬率」和「年化報酬率」的差別：

◎**累積報酬率**：只考慮整個投資期間的資金成長幅度。

◎**年化報酬率**：將整個投資期間的資金成長幅度，換算為每年以複利成長的幅度。

投資 2 年，累積報酬率 18%，不能直接除以 2 嗎？這種算法是不對的。應該要用複利的方式，把累積報酬率換算成年化報酬率；怎麼算？其實很簡單，只要在 Excel 輸入公式就可以了：

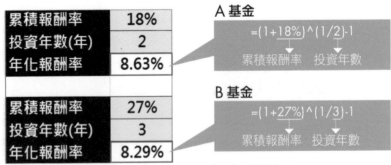

註：年化報酬率 Excel 公式：「＝（1＋累積報酬率）^（1／年數）－1」

算出來的結果是 A 基金略高一籌，年化報酬率 8.63%，代表持有這檔基金 2 年期間，資產每年以 8.63% 的幅度成長，2 年共成長了 18%。B 基金則是每年成長 8.29%，3 年一共成長 27%。

複利的意義在於「獲利再投入」，將上一期獲利滾入下一期的本金，我們可以來驗算一下，果然可以得到相符的結果：

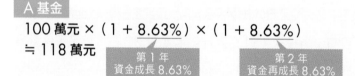

用年化報酬率，觀察台股大盤績效表現

年化報酬率很適合用來檢視一段長時間的歷史績效，我們不必辛苦的按計算機，只要善用 Excel 的功能就好。例如，計算台股在某一段時間內的年化報酬率，只需填入要計算的日期，以及指數位置，就可以輕鬆計算出來。

　　假設我們想知道 2007 年 2 月 27 日（期初）到 2019 年 4 月 30 日（期末）的台股績效表現（詳見實戰操作❶），找出大盤指數分別是 7,901.96 點、1 萬 967.73 點，即可透過 Excel 算出，這 12 年 2 個月的累積報酬率為 38.8%，年化報酬率則是 2.73%（詳見實戰操作❷）。

　　所謂的大盤指數是「台灣發行量加權股價指數」，代表的是所有上市公司的加權市值，每年上市公司發放股息時，大盤指數也會跟著除息；所以上述的例子，是指我們在 2007 年 2 月 27 日拿出 7,901.96 元資金投資台股大盤指數，期間領到的股息都「沒有」再投入，到了 2019 年 4 月 30 日，這筆資金會變成 1 萬 967.73 元。

　　那麼，如果有把配息再投入呢？這時候我們就要看有含配息的「台灣發行量加權股價報酬指數」，從下列表格所示，可發現同樣期間，報酬指數分別為 9,033.88 點、1 萬 9,567.4 點，因此可算出累積報酬率是 116.6%，年化報酬率則為 6.55%：

◎台灣發行量加權股價指數（配息未投入）

	交易日	指數
期初	2007/2/27	-7,901.96
期末	2019/4/30	10967.73
年化報酬率	2.73%	

◎台灣發行量加權股價報酬指數（配息再投入）

	交易日	指數
期初	2007/2/27	-9,033.88
期末	2019/4/30	19567.40
年化報酬率	6.55%	

資料來源：台灣證券交易所

　　這個計算結果告訴我們，如果在 2007 年 2 月底這天拿出 9,033.88 元，單筆投資在台股大盤指數，期間領到的配息也都繼續投資，那麼到了 2019 年 4 月 30 日這天，你所持有的這筆投資，會成長到 1 萬 9,567.4 元，換算成每年成長的幅度是 6.55%。

　　配息未投入的年化報酬率 2.73%，和配息再投入的年化報酬率 6.55% 差別在哪裡？簡單用「72 法則」速算一下，前者要花 26 年才能讓資金翻倍，後者只要花 11 年就能讓資金翻倍。

　　貨幣有時間價值，投入資金與收回資金的時間點不同，代表的意義是不一樣的。將累積報酬率納入時間考量後的年化報酬率，是衡量投資績效最好用的工具之一，學會了這個重點，相信對你日後的投資之路有很大的助益。

107

實戰操作➊ **查詢大盤報酬指數**

「台灣證券交易所」網站（www.twse.com.tw）會將自行編製的指數公布在網站上。
以「發行量加權股價報酬指數」為例，查詢步驟如下：

STEP
1

查詢「發行量加權股價報酬指數」

進入台灣證交所網站後，點選➊「交易資訊」→➋「指數資訊」→➌
「TWSE自行編製指數」→➍「發行量加權股價報酬指數」。

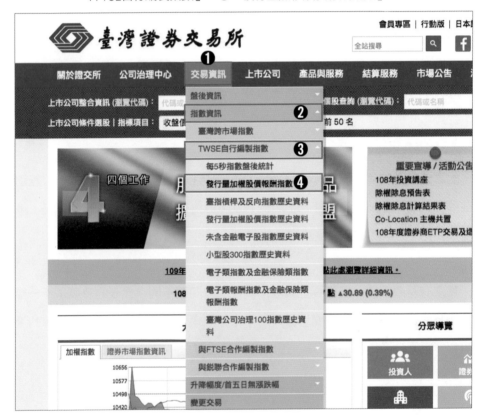

填入日期與金額，開始試算

進入查詢頁面後，選擇你想查詢的❶「資料日期」，按下❷「查詢」後，即可查詢歷史指數資料。

加權股價報酬指數與加權股價指數編製起始點相同

台灣發行量加權股價報酬指數是從2002年12月31日開始編製，指數自2003年1月2日開始揭露，以當天台灣加權股價收盤指數4,452.45點為基值；所以兩檔指數在這一天的收盤指數同樣是4,452.45點，從此以後就分道揚鑣各自計算。報酬指數是每當有上市公司除息時，就會調整指數基期，使得指數維持不變，不會因為配息而降低，相當於配息再投入。

實戰操作② 計算年化報酬率

已知道投資期間的日期與現金流，都可以利用Excel的「XIRR」函數，快速運算出年化報酬率。

以2007年2月27日為例，台灣發行量加權股價報酬指數9,033.88點，2019年4月30日為1萬9,567.4點，即可利用「XIRR」函數計算年化報酬率。

要注意的是，由於「XIRR」是一種現金流函數，因此我們必須將期初指數視為「投入一筆金額」，也就是「現金流出」；期末指數則視為「收回一筆金額」，視為「現金流入」，有了這個概念，才能正確使用「XIRR」函數計算其年化報酬率：

STEP 1 建立表格

建立如下圖表格，其中❶黃色儲存格為條件輸入區，可先保持空白。❷儲存格B4輸入公式：「=XIRR(C2:C3,B2:B3)」，「XIRR」函數會依序讀取現金流的儲存格範圍、發生現金流日期的儲存格範圍。

填入日期與金額，開始試算

接著於❶「期初」的「交易日」（B2）填入初始投資日期（此處以 2007.02.27為例），❷「期末」的「交易日」（B3）填入結束投資日期（此處以2019.04.30為例），❸「期初」的「指數」（C2）填入負值數字「-9,033.88」，代表現金流出；❹「期末」的「指數」（C3）則填入正值數字「19567.40」，代表現金流入。「XIRR」函數會自動計算出資料期間的❺年化報酬率為「6.55%」。

註：日期格式需為「年／月／日」

延伸學習 「XIRR」函數說明

「XIRR」（不定期現金流的內部報酬率）是現金流函數，只要知道現金流發生的日期與現金流數值，就可以直接使用這個函數計算出年化報酬率，是相當實用的函數：

$$=XIRR\ (\ \underset{\textbf{①}}{values},\ \underset{\textbf{②}}{dates},\ \underset{\textbf{③}}{[guess]}\ )$$

3個引數分別代表的意義如下：

❶ values（現金流）

此為必填項目，且在現金流儲存格範圍當中，至少要有一個正值及一個負值。例如前頁「實戰操作❷」的例子，是以期初流出現金，因此以負值表示。期末是收回現金，則以正值表示。

❷ dates（日期）

此為必填項目，代表現金流發生的日期，一定要與現金流儲存格相對應。

❸ guess（猜測值）

可省略不填。但當資料較龐大或傳回錯誤訊息「#NUM!」時，可填入自己所猜測的數值，Excel會根據你所填入的數值開始運算。

善用投資工具

3-1 股票＋債券 建立核心資產

　　當你已經準備好開始投資，要面對的問題就是「要投資什麼？」大家第一個想到的應該就是「股票」，股票確實是投資時必備的核心資產，至於像是期貨、權證、選擇權等，都是屬於衍生性投資商品，風險比股票及債券高出很多，因此不在本書討論範圍。

　　但除了股票，我也很建議大家持有「債券」資產，這兩項都是我個人長期以來的核心資產，以下我們先來簡單認識這兩種資產類別（詳見表 1）：

股票資產》聚焦定存股，股息收益優於銀行定存

1.股票

　　買股票等於是當一家公司的股東，像是近年蔚為風潮的「定存股」投資策略，主要是長期持有優質公司的股票，分享公司的經營果實；通常會建議著重在較不受景氣循環影響的產業，並且選擇該產業的龍頭股。所投資公司若處於發展

表1 債券面額高，可用債券型基金取代
──股票與債券資產性質與投資重點

類型			性質	投資重點
股票資產		股票	由個別企業發行的股票，投資人可在股票市場自由買賣	長期持股者，可分享公司獲利；需懂得分析企業財務體質、獲利狀況
	基金	主動式	主動式基金，由基金公司發行、基金經理人主動挑選一籃子股票	通常主動式基金的走勢會跟指數很類似，先選長期成長的市場類別，再從中挑選績效較佳、波動較小的基金
		被動式	股票配置遵循指數公司所編製的特定股票指數，屬於被動式投資；亦可直接在股市交易股票ETF	挑選長期成長的股市，買入追蹤該股市指數的指數型基金或ETF。如全球市場或美國市場，台灣投資人亦可選擇熟悉的台灣股市
債券資產		債券	政府或公司有資金需求，會發行債券向民間借款，由政府發行為「公債」，由公司發行為「公司債」；會在債券有效期間內，定期向債券持有者支付利息，到期時歸還本金	債券有其信用評等，挑選信用良好者所發行的債券，並且持有到期，以確保安穩收回利息與本金。但債券面額高昂，一般投資人較難個別持有
	基金	主動式	由基金公司發行、基金經理人主動挑選一籃子債券	挑選信用評等良好的債券型基金類別，如全球投資等級債基金、美國公債基金等，再從中挑選績效佳、波動低的基金
		被動式	債券配置遵循指數公司所編製的特定債券指數，屬於被動式投資；亦可直接在股市交易債券ETF	挑選信用評等良好的債券指數類別，如美國公債指數、全球投資等級債券指數等，買入追蹤該指數的基金或ETF

註：ETF（Exchange Traded Funds）中文名稱為「指數股票型基金」，與指數型基金類似，皆為被動式投資，只是ETF可在股票市場上交易

成熟階段，每年穩定賺到的盈餘，通常會大方發放股利給股東，股息收益也往往會是優於銀行定存利息的 4 ～ 5 倍以上。

另一種也很受歡迎的「成長股」投資策略，是挑選處於成長階段、產業前景看好的優質公司。投資這類公司，股東可能會覺得公司賺很多錢，但是發的股利偏少；這是因為成長型公司會將每年賺來的大部分盈餘，投入公司的擴張，藉此擴充產能、提高經營規模。當獲利愈來愈高，自然會提升公司價值，進而推動股價上漲以及未來股利的成長。

上述兩種投資方式，投資者都需要了解公司的財務體質、獲利狀況，並且以適合的股價買進，才能夠享受股利收益及股價上漲的價差利潤。

厲害的投資者在股市行情好的時候，或許 1 年就可以獲利 20%、30%，甚至更高，長期獲得優於整個股票市場的長期報酬率，不過這種人畢竟是少數。比較常見的往往是聽明牌買賣股票，也因為不懂得判斷公司的價值，總是追高殺低；運氣好的時候能夠小賺，運氣不好則反而讓股票資產大縮水。如果你自認投資性格偏向穩健且保守，投資股票一定要深思熟慮。

2.股票型基金

沒有信心自己挑選股票的人，可以把選股與買賣股票的工作，交給基金公司，

這也是一種持有股票資產的方法。投資基金前，必須先對「指數編製公司」有基本的了解。如果你有關注財經新聞，相信你會常常看到摩根士丹利資本國際指數公司（MSCI）、富時集團（FTSE Group）等名稱。這兩家公司都是世界著名的指數編製公司，它們的工作是研究及分析各區域的證券市場，挑選值得投資的標的，編製成各種類型的指數，每一季也都會檢視指數當中的標的是否需要更換。

而基金公司所發行的基金，又可分為主動式與被動式。被動式基金又稱為指數型基金（可在股市交易的基金則稱為 ETF），是完全追蹤特定的指數，買進該指數所配置的個股。

1. 被動式股票型基金：被動式股票型基金投資者可以先挑選要投資的市場，再買進追蹤該指數的基金即可。例如美國較知名的指數型基金公司有先鋒（Vanguard）、安碩（iShares）、道富（State Street Global Advisors）等。

像是 iShares 所發行的「ACWI」這檔 ETF，追蹤的是 MSCI 全世界市場指數（MSCI ACWI）的績效，該指數的成分股是全球股票市場的權值股（主要是大型與中型股，截至 2019.04.30 共有 1,416 檔股票）；因此持有這檔 ETF，就相當於持有該指數；當指數的權值變動時，ETF 的基金也會自動調整，所以投資者什麼都不用管。

　　另外一檔由先鋒發行的 ETF——Vanguard 全世界股票 ETF（VT），則是追蹤富時全球全市場指數（FTSE Global All Cap Index），這檔指數同樣追蹤全球股市，連小型股也有包含，所有成分股數量更多（截至 2019.04.30 共有 8,032 檔股票），因此也被認為更能代表全球股市的表現。只是台灣投資人若要投資這些海外的指數型基金，必須透過國內券商進行複委託，或是開立海外券商的證券帳戶，較為不便。而台灣的投信公司近年已開始陸續發行多檔被動追蹤指數的 ETF，對台灣投資人來說是一大福音。

　　2. 主動式股票型基金：主動式股票型基金則是由基金經理人主動挑選股票，每一檔基金也會配對一個對比指數，作為該基金績效的評比參考。由於基金的持股配置不會完全跟指數相同，若是基金績效優於指數，會被認為基金經理人操盤技術良好。拉長時間來看，主動式股票型基金績效要能勝過指數的機率不大，能夠貼近指數就算是表現不錯；因此投資者可以先挑選想要投資的區域，再從中挑選績效表現相對好、波動相對小、績效貼近或是略優於指數的基金。

債券資產》從債券型基金入手，首選投資等級債

1.債券

　　債券是借據的意思，政府發行的債券稱為公債或政府債，如果你買了公債，就等於借錢給政府；而公司發行的債券稱為公司債，買公司債就是借錢給這家

公司。

有借有還，再借不難，不管是買公債或公司債，都會約定還錢的「到期日」。在債券尚未到期的持有期間，投資者都可以按照債券上所約定的利率，定期領到利息，直到到期那天收回最後一期利息以及本金。

2.債券型基金

由於一張債券動輒新台幣 10 萬元到百萬元以上，一般投資者想投資債券並不容易，因此我們可以改為投資債券型基金，等同於持有一籃子債券；而且債券型基金同時持有數十檔債券，正好藉此分散個別債券的風險。債券型基金同樣也有主動式與被動式之分，前者由基金經理人挑選適合的債券標的，後者則追蹤特定的債券指數。

買債券既然是借錢出去，當然要慎選對象，以信用優良的國家及公司為首選。那要怎麼知道公司的信用好不好？有一種「信用評級機構」，主要業務就是檢視各國政府以及公司的財務體質、現金狀況等，進而評估它們的還款能力，給予信用評級。因此我們只要選擇專門投資於信用良好債券的基金就可以了。

穆迪（Moody's）、標準普爾（Standard & Poor's）、惠譽國際（Fitch Group）都是國際上知名的信用評級公司；其中，標準普爾與惠譽國際所給予

119

表2 BBB級以上為投資等級債
——國際3大信評公司對於債券信用評級概要

信評公司		標準普爾 （Standard & Poor's）	惠譽 （Fitch）	穆迪 （Moody's）
高↑ 低↓	投資等級債	AAA	AAA	Aaa
		AA	AA	Aa
		A	A	A
		BBB	BBB	Baa
	非投資等級債 （高收益債）	BB	BB	Ba
		B	B	B
		CCC	CCC	Caa
		CC	CC	Ca
		C	C	C
		D	D	—

資料來源：穆迪、標準普爾、惠譽國際

的信用評級，最高等級為「AAA」，而 AAA 到 BBB 等級，都歸類在「投資等級債」；BB 以下則為信用較差的高收益債（詳見表 2）。

　　為什麼信用較差會稱為高收益債呢？因為發行債券單位的信用不是很好，自然要多付一點利息，才能吸引投資者投入資金。只是這類債券還不出錢的風險也比較高，因此又稱為「垃圾債」。

　　相對的，投資等級債信用好，利息也就不會太高；以我個人來說，我將債券

資產視為防禦型的資產，因此投資債券型基金的部分，我只買投資等級債，以免承受過多風險。

　　由於基金只需要每月扣款 3,000 元就可以投資，且目前台灣當前的基金平台愈來愈友善，建議投資初學者可以利用基金來累積資產，下一章我們將會談到如何進行股票與債券的配置。

3-2 試算不同資產整體績效 調整適當的股債比重

許多剛開始投資的朋友，喜歡選擇較積極的股票，或股票型基金等股票資產；然而因為對於投資標的不夠了解，即使身上有大筆閒錢，也會將大部分資產放置在定存當中，不敢投入過多金額在股票資產。但這會造成一個問題，就是在多頭市場時，投資者的股票資產或許能夠產生很好的績效，但因為股票資產占整體資產比重太低，對於整體資產績效的貢獻不大。

每一項資產都有其長期的平均報酬率，如果你同時持有不同資產，按照持有比重，可計算出整體資產的「加權平均報酬率」（詳見圖 1），假設股票資產 1 年可以獲利 12%，但是股票資產僅占整體資產 10%，其餘則是全部放在年利率 1% 的定存，整體的加權平均報酬率（以下簡稱「整體年報酬率」，詳見實戰操作）僅有 2.1%。算法如下：

=定存年化報酬率 1%× 配置 90% ＋股票型基金年化報酬率 12%× 配置 10%

圖1　一條公式，輕鬆算出整體年報酬率
──整體資產加權平均報酬率公式

> **整體資產加權平均報酬率＝**
>
> | A資產
年化報酬率
×
配置比重 | ＋ | B資產
年化報酬率
×
配置比重 | 假設整體資產當中持有 A 資產、B 資產，兩者組合起來，報酬率會是兩者的加權平均 |

= 0.9% + 1.2%

= 2.1%

　　股票資產比重偏低，在空頭市場時如果發生虧損，雖然也能讓整體資產不至於受傷慘重；但是長期看來，整體資產的報酬率肯定不會太好，假設只有 2.1%，或許能勉強維持資金的購買力，抵抗物價的上漲；但是以「72 法則」估算，這麼低的年化報酬率要讓資產翻 1 倍，至少得等 34 年。

　　表 1 列出配置不同比率的股票型基金及定存，所能創造的整體加權平均報酬率。可以清楚看出，配置 20% 股票型基金，其餘為銀行定存，整體年報酬率只有 3.2%；股票型基金增加到 40% 配置比重，整體年報酬率則可提升到 5.4。

買很多股票、基金，不等於做好資產配置

　　如果要提高整體年報酬率，勢必得增加股票資產的配置比重，相對的也會提高風險，該怎麼讓報酬率與風險控制達到平衡呢？我們可以透過「資產配置」，設法讓報酬率最佳化，同時將風險控制在自己可接受的程度。

　　有些投資者認為，自己已經買了很多基金，像美國股票市場基金、歐洲股票型基金、台股科技基金、新興市場基金……等，應該已經做好了資產配置吧？這種投資方法，雖然有分散投資不同的投資市場，但是它們全都屬於股票型基金，同質性高，事實上並沒有做好資產的配置，也無法達到控制風險的效果。

　　風險指的是資產淨值的波動，當所有可投資部位都放在股票資產，需要有承受較大波動度的能耐，也許單一年度報酬率可以達到 20%、30%，但是空頭市場也可能看到超過 -15% 或更大的帳上虧損。

　　多數投資人都會希望自己的投資部位，能夠長期扶搖直上，波動度不要太大；因此實際投資時，面對這麼劇烈的波動，常常難以忍受，造成了很多人會在低檔認賠殺出，長期而言難以真正享受到股票資產成長的果實。真正的資產配置，理應是搭配不同性質的資產，適度降低整體年報酬率，以換取較低的波動度，在高低風險中取得平衡。

表1 股票資產配置太少，整體報酬率相對低
——配置定存、股票型基金之整體加權平均報酬率試算

假設資產當中僅有定存與股票型基金，且定存年利率 1%，股票型基金年化報酬率 12%，配置不同比重時的整體年報酬率如下：

配置比重		整體資產加權平均報酬率
定存	股票型基金	
100%	0%	1.0%
90%	10%	2.1%
80%	20%	3.2%
70%	30%	4.3%
60%	40%	5.4%
50%	50%	6.5%
40%	60%	7.6%
30%	70%	8.7%
20%	80%	9.8%
10%	90%	10.9%
0%	100%	12.0%

股債平衡配置，降低波動風險

要如何挑選不同資產，讓波動度彼此抵銷呢？重點在於，資產之間的相關性愈低愈好，尤其是「負相關」最好。負相關就是當一個資產淨值上漲時，另一個資產淨值則有某種程度機率下跌；正相關則是一個資產上漲，另一個資產也有機會跟著上漲。

投資實務上，「股票型基金」與「債券型基金」（指持有標的為投資等級的公債及公司債的基金，不包含高收益債），長期以來呈現低度的相關性，甚至常常是負相關。因此，只要同時持有這兩類資產，就可以達到降低波動的效果，這也是許多投資機構所重視的「股債平衡」原理。以投資等級債基金為例，長期報酬率雖然低於股票型基金，但是波動度也相對低，與無風險、低報酬率的銀行定存相比，是相對理想的資產，長期而言約可達到 6.5% 的年化報酬率。

以表 1 的例子來比較，60% 定存＋ 40% 股票型基金，整體年報酬率為 5.4%；如果將其中的 60% 定存改為 10% 定存＋ 50% 債券型基金，可大幅將報酬率提升到 8.15%（詳見表 2）。另一方面，由於債券與股票可相互抵銷波動，整體波動程度也能因此降低。

如果是積極投資者，全數配置股票資產，年化報酬率達到 12%，約 6.1 年即可將資產翻 1 倍（詳見 2-3）。

退休階段仍需持有少數股票資產為宜

而隨著年紀增加，或許會想降低波動風險，又不希望資產翻倍年數拖太長，此時可以評估看看，若將部分股票資產改為債券資產，會產生什麼影響？例如，配置 40% 股票型基金、60% 投資等級債基金，整體年報酬率雖然降至 8.7%，

表2 用債券資產取代部分定存，拉高整體報酬率

——以配置定存、股票型基金、投資等級債基金之整體加權平均報酬率試算

假設資產當中有定存、投資等級債基金、股票型基金，平均報酬率分別為 1%、6.5%、12%；在股票型基金配置 40% 情況下，配置不同比重定存與投資等級債基金的整體年報酬率如下：

配置比重			整體資產加權平均報酬率
定存	投資等級債基金	股票型基金	
50%	10%	40%	5.95%
40%	20%	40%	6.50%
30%	30%	40%	7.05%
20%	40%	40%	7.60%
10%	50%	40%	8.15%
5%	55%	40%	8.43%
0%	60%	40%	8.70%

但是只要 8.3 年（詳見表 3），仍可達到資產翻倍效果；跟 6.1 年相比，只多了大約 2 年，卻可以降低一大半風險。

股債配置可根據年齡層不同而進行調整，年紀愈輕，股票資產可配置較高比重，並且隨著年齡提高而逐漸降低。通常我會建議如下的配置比重：

年輕族群》股6債4／股債各半

年輕人可承擔的風險較高，這時期的理財重點是提高薪資收入、每月強迫投

表3 股票資產比重可隨年齡逐漸降低

—— 各族群投資比重

適合族群	積極族群		年輕族群		中年族群		退休族群	
投資等級債基金比重	0%	20%	40%	50%	50%	60%	70%	80%
股票型基金比重	100%	80%	60%	50%	50%	40%	30%	20%
整體加權平均報酬率	12.00%	10.90%	9.80%	9.25%	9.25%	8.70%	8.15%	7.60%
資產翻倍年數（年）	6.1	6.7	7.4	7.8	7.8	8.3	8.8	9.5

資。投資配置可積極一點，讓資產以較快的速度翻倍。建議配置 60% 股票型基金，其餘 40% 為債券型基金；或至少股票型基金與債券型基金各占 50%。

中年族群》股債各半／股4債6

中年時期所累積的資產已經到達一定程度，此階段的目標是穩定翻倍。股票型基金與債券型基金可以各占 50%，或是至少配置 40% 股票型基金，其餘 60% 為債券型基金。

退休族群》股3債7／股2債8

即使到了退休階段，不需要過度保守的將資產放在定存裡，也不必全數配置債券資產。要知道，比起同時配置股債，100% 債券資產的波動度其實更高，

因為股票資產某種程度可抵銷債券資產的波動度。

　　因此，在需要守穩資產的退休階段，仍要備有少部分的股票資產，建議配置 30% 股票型基金、70% 債券型基金；或至少 20% 股票型基金、80% 債券型基金。有興趣的投資者可自行試算，搭配出適合自己的股債比重。

實戰操作　**計算整體加權平均投資報酬率**

在思考資產配置時，大家可以根據個別資產的長期年化報酬率，自行搭配這些資產，找到你所期望的整體年報酬率。

STEP 1

建立表格

按下圖所示建立表格，黃色儲存格為條件輸入區，可先保持空白。其中，「配置比重」欄，只需設定債券型基金及股票的比重，定存的投資比重則以公式自動算出，這樣才能保證全部資產比率為100%。

因此，首先，在❶「銀行定存」的「配置比重」（C3）輸入公式：「=1-C5-C4」，在❷「加權平均投資報酬率」（C1）輸入公式：「=SUMPRODUCT(B3:B5,C3:C5)」，函數會計算出「B3*C3+B4*C4+B5*C5」的結果。

開始試算

分別在各項資產輸入估計的年化報酬率，例如❶「銀行定存」的「假設報酬率」（B3）為1%、❷「債券資產」的「假設報酬率」（B4）為6.5%、❸「股票資產」的「假設報酬率」（B5）為15%。

再輸入欲配置比重，例如❹「債券資產」的「配置比重」（C4）為70%，❺「股票資產」的「配置比重」（C5）為20%，至於銀行定存配置比重則由公式自動算出。

黃色儲存格皆輸入完成後，❻「加權平均投資報酬率」（C1）即自動顯示計算結果。

	A	B	C	D
1	加權平均投資報酬率		7.7%	
2	資產類別	假設報酬率	配置比重	
3	銀行定存	❶ 1.0%	❻ 10%	
4	債券資產	❷ 6.5%	❹ 70%	
5	股票資產	❸ 15.0%	❺ 20%	
6				
7				
8				
9				

3-3 股票資產》 首選全球市場基金、美股ETF

投資股票時，有人專做短線買賣，有人習慣長期持股。以長期持有股票而言，得對該公司非常了解，包括從財報了解公司的獲利能力、償債能力、以及現金流量；也要常常吸收資訊，判斷公司產品的競爭力、市場占有率、接單狀況是否理想，甚至連經營者是否有誠信問題也得考慮在內。

即使投資者對企業已經瞭若指掌，仍有可能出現一些意外狀況。若是自己不具備判斷能力，又集中投資在某檔個股，使風險過於集中，當這家公司發生問題，就會使資產出現大幅減損。個股的股價漲跌，主要受 2 種因素影響：

1. **經濟環境變化**：在經濟景氣大好，也就是處於多頭市場時，不論是好股票或壞股票都會跟著漲，只是某些股票漲得比較多，某些股票漲得比較少。

相反的，處於空頭市場時，多數股票都會跟著下跌，差別也是好股票跌得比較少，壞股票跌得特別多。有時候突然出現影響全球市場的大利空時，也可能

會衝擊多數股票暴跌。這種因為外部環境造成的股價波動，就是所謂的「系統性風險」。

2. **個別公司狀況**：當企業接到大客戶的訂單、研發出殺手級產品，或獲利穩定增加等「利多」，就會帶動股價上漲。

相反的，有大客戶跑掉或業績下滑等「利空」，甚至是發生財務危機、經營者掏空公司資產，股價就會下跌。這種因為公司本身造成的股價波動，則稱為「個別風險」。

若沒時間研究股票，可投資基金降低風險

對於一般沒有時間研究股票的投資人而言，如果想要降低個股的風險，投資基金會是一個相對輕鬆的選擇。

股票型基金規模龐大，持有的股票數量及種類都非常多，可達到分散風險之效。當我們選擇的是投資於整個股市的基金，這檔基金會同時持有不同產業的股票，例如科技、金融、工業、必需消費品、非必需消費品……等。由於各產業之間的相關性低，或呈現負相關，因此能夠自動抵銷波動風險。即使其中 1、2 檔股票出事，雖然會影響個股的股價，但不至於對整體基金淨值造成致命的

影響。

　　根據投資組合理論，股票組合的表現，能將個股的非系統性風險降到最低，使得整個投資組合只會跟經濟景氣連動。

　　想要驗證這個理論，看看投資台灣股市的基金走勢圖就知道了，走勢多數跟台灣大盤的報酬指數非常類似（詳見圖1）；只是有些基金績效表現會優於指數，有些則遜於指數。

　　很明顯的，基金所持有個股的漲跌，無法直接影響基金績效走勢；反而是經濟景氣是否成長，才是真正影響基金績效的關鍵因素。

2 方案挑市場，定期定額買入後長期持有

　　什麼時候是買進的時機點，什麼時候又該賣出？買賣點不是重點，既然基金趨勢跟該市場經濟有關，該關注的就是個別市場的經濟發展；只要市場趨勢長期往上，時間久了自然就會賺錢。

　　當你打算長期累積一筆資產，就不需要去擔心過程中怎麼低買高賣；只要定期定額買入，分散買進成本，然後長期持有就好。

圖1 台股基金績效表現與整體股市指數連動度高

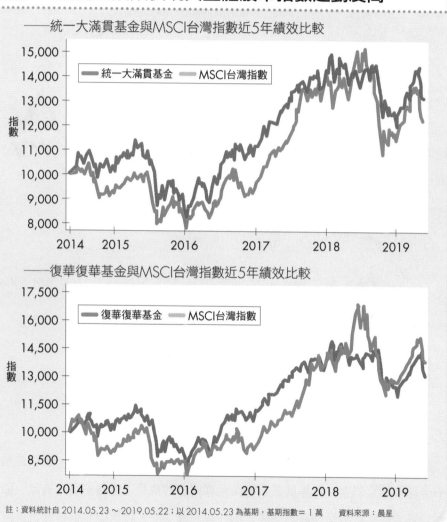

——統一大滿貫基金與MSCI台灣指數近5年績效比較

——復華復華基金與MSCI台灣指數近5年績效比較

註：資料統計自2014.05.23～2019.05.22；以2014.05.23為基期，基期指數＝1萬　　資料來源：晨星

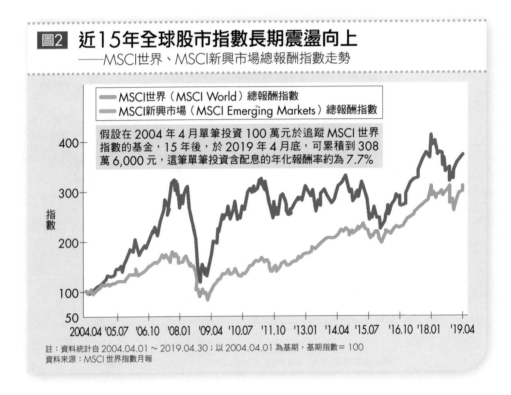

圖2 近15年全球股市指數長期震盪向上
——MSCI世界、MSCI新興市場總報酬指數走勢

MSCI世界（MSCI World）總報酬指數
MSCI新興市場（MSCI Emerging Markets）總報酬指數

假設在 2004 年 4 月單筆投資 100 萬元於追蹤 MSCI 世界指數的基金，15 年後，於 2019 年 4 月底，可累積到 308 萬 6,000 元，這筆單筆投資含配息的年化報酬率約為 7.7%

註：資料統計自 2004.04.01 ～ 2019.04.30；以 2004.04.01 為基期，基期指數＝ 100
資料來源：MSCI 世界指數月報

那麼又該怎麼選擇市場呢？以下提供兩個建議方案：

方案1》以全球股票型基金為主

如果不想多花腦筋思考，那就直接選擇投資全球股票市場即可；因為長期持有全球股票型基金，就等於長期參與全球經濟的成長。過程中雖有波動，但是你只要觀察長期的全球股票指數走勢（詳見圖 2），就可以看到指數是長期震

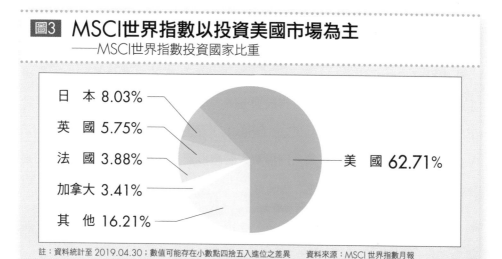

圖3　MSCI世界指數以投資美國市場為主
──MSCI世界指數投資國家比重

日　本 8.03%
英　國 5.75%
法　國 3.88%
加拿大 3.41%
其　他 16.21%

美　國 62.71%

註：資料統計至 2019.04.30；數值可能存在小數點四捨五入進位之差異　　資料來源：MSCI 世界指數月報

盪向上的。

　　以 MSCI 世界指數（MSCI World Index）為例，這是由摩根士丹利資本國際公司編製的全球股票指數，根據 2019 年 4 月底的資料，該指數的主要投資區域有 62% 為美國市場，日本、英國、法國、加拿大這 4 個國家則占 21% 左右（詳見圖 3）。可見這檔指數以美國為主，其餘也多半是成熟的已開發市場，近 10 年的走勢正是長期向上走。

　　因此，若要投資主動式基金，可選擇「全球股票型」這個類別，也可以將基

金績效與基金指數相比較，看看是否貼近指數報酬。

　　若想投資被動式的全球股票型 ETF，目前最為知名的是海外基金公司先鋒（Vanguard）的 Vanguard 全世界股票 ETF（VT），所追蹤的是「富時全球全市場指數」（FTSE Global All Cap Index），涵蓋了成熟市場及新興市場，其中美國市場占了一大半。只是台灣投資人若想投資，必須自行開設海外券商帳戶，或透過國內券商以複委託方式購買。

方案2》以美股ETF為主

　　台灣股市近年已陸續開放多檔追蹤國際指數的 ETF，但是種類仍然有限；如果只想投資台灣可買到的投資商品，可考慮投資追蹤美股的 ETF。

　　以元大標普 500（00646）而言，就是追蹤美國 S&P 500 指數；這檔 ETF 不直接配息給投資人，而是將領到的美股股息滾入基金資產，所以我們直接買進後持有，仍能享有配息再投入的成果。

　　另外，如果有多餘的資金想投入股票資產，或許可選擇我們最熟悉的台灣市場。台股雖然沒有直接追蹤台股大盤指數的 ETF，但有追蹤台灣市值前 50 大上市公司的 ETF，例如元老級的元大台灣 50（0050），以及富邦台 50（006208）。

元大台灣 50 和富邦台 50 都是追蹤「台灣 50 指數」績效，台灣 50 指數由指數公司所編製，篩選出台灣上市公司當中，市值最大的 50 家企業，將它們的市值編成指數，然後每一季重新檢視或更新指數成分股名單。這 2 檔 ETF 會複製指數，持有這 50 家企業的股票，並隨著指數成分股變動而調整持股。

台灣 50 指數跟我們一般所稱的大盤（台灣加權股價指數），有很高的連動性；甚至可以說，投資台灣 50 指數幾乎等於是投資台灣加權股價指數。當大盤上漲，元大台灣 50 也跟著漲，且投資人能夠領到 1 年 2 次的配息。不過要注意的是，領到配息後，必須自行將配息再投入買進，才能確實達到配息再投入的複利效果。

主動式基金最讓人不滿的地方在於買進手續費及管理費，尤其管理費是每年會悄悄從淨值中扣除，費用率多落在 2% 上下。指數型基金或 ETF 的費用率則相對低廉，大約只有 0.6%，而且沒有挑選經理人的困擾，是我最推薦投資台股的方式。

至於有些基金專注投資在單一產業，例如科技基金、能源基金、礦業基金等，屬於「產業型基金」；雖然許多產業都不錯，但也沒有必要單獨持有個別產業，尤其產業之間又具有某種程度負相關，只要持有全球的股票型基金就等於持有所有產業，而且產業比重也幫我們分配好了。

選長期上漲市場，遇短期大跌可加碼攤平

比起個股投資，基金確實簡單非常多，穩定性也足夠，只是必須忍受經濟景氣的波動；持有時間要能耐心長達 10 年，才能感受到投資成果。因為我們投資的是全球市場，3、5 年的中短期經濟狀況，本來就會有高峰與低谷，不可能天天過年；但是把時間拉長到 10 年來看，就會發現全球經濟是呈現長期成長的走勢，自然不用擔心血本無歸。

萬一在最高點買入，遇到股市大跌的時候，還是得面對損失慘重的帳上負報酬，最怕就是在淨值低檔時停扣，甚至在此刻認賠殺出。

其實股市大跌時，手中若剛好有可投資的閒置資金，反而要在此時趁機執行攤平策略，在相對低點時，增加持有的基金單位數。只要確實執行，當下次景氣回升時，不但不會虧損，還能享有不錯的績效。

延伸學習　**4步驟學挑主動式基金**

主動式基金是由基金經理人主動選股，因此有績效好壞的差異，以下分享我挑選主動式基金的做法：

從基金資訊網站，選好基金組別

我常用的基金網站為晨星（Morningstar）網站（tw.morningstar.com）。以全球股票型基金為例，我會從「全球大型均衡型股票」或「全球大型增長型股票」組別進行挑選，由於這類基金多持有美元資產，因此可選擇以美元計價的基金。

依5年的年化報酬率排序，選擇前20%的基金

基金網站顯示該組別基金時，通常會提供排序欄位，我會從「5年的年化報酬率」由高而低排序，找出排名前20%的基金。

再以10年的年化報酬率排序，挑名列前茅標的

從上一步驟選出的基金，以「10年的年化報酬率」排序，挑出前5名的基金。

比較個別基金是否貼近指數，同時評估波動風險

從上一步驟選出的基金，一一查看該基金是否貼近指數走勢。同時觀察「標準差」。標準差愈大，代表其波動風險愈高。通常高報酬率帶來的就是偏高的波動風險，就看你想怎麼選擇。

債券資產》
3-4 鎖定信用良好的投資等級債

　　想要將債券納入資產配置的一部分，必須選擇投資等級的「公債」及「公司債」，這類資產與股票資產呈現低度相關或負相關，才有抵銷股票波動的效果（本章所提及的債券，若無特別說明，則一律指投資等級債）。投資債券，到底有什麼好處？事實上，債券除了可以定期領到利息，持有到期還能領回本金，對我來說，幾乎等於「長天期的定存」。

只要債券發行者不違約，持有到期就能穩賺不賠

　　怎麼說呢？假設一家信用良好的公司，發行一檔 10 年期債券，面額 100 元，票面利率 4%，每年配息 1 次。債券持有者在未來 10 年，每年都可以領回 4 元的配息；到期日那天，還可以 1 次領回本金 100 元。若不考慮貨幣的時間價值，這張債券可讓投資者一共領回 140 元。

　　有什麼狀況會讓債券持有者產生損失？最擔心的就是「信用風險」，例如對

方違約，付不出利息或本金。

就像銀行的主要業務是放款，靠著借錢給別人、收取放款利息來賺錢。銀行當然也害怕借款人不還錢，因此都設有專業的徵信部門，慎重考慮客戶的收入是否穩定、是否具備還款能力，徵信通過之後才會核准放款。

我們投資債券也是一樣，既然要借款給政府或公司，也要評估對方有沒有還款能力。所幸每一檔對外發行的債券，都經過專業信用評等機構的評比，這些機構就好似投資者的徵信部門，已經幫我們把公司的信用做好分級了；就連政府發行的公債，也有根據各國財政狀況所訂出的信用評級。而信用評級較高者，因為違約風險低，提供的債券票面利率也會偏低。

由於債券是用來防禦，因此我只會選信用良好的投資等級債，將信用風險盡量降低；只要債券發行者不違約，投資者持有到期，就是穩賺不賠。

長期持有債券型基金，可平靜看待債券短期波動

單一債券金額高，一般投資者的資金有限，即使自行買入，也只夠買到少數幾檔債券。況且，就算持有的是違約機率極低的 AAA 級債券，萬一不幸遇到違約，也是百分百的虧損，與違約機率無關；2008 年金融海嘯時的雷曼兄弟

破產，因而無法償還連動債，就是經典案例。

想要把違約風險再降低，最好的方法就是「分散」，就好似銀行不會將所有資金借給寥寥少數幾家企業或個人，客戶數量也要夠大，才能避免因單一客戶違約造成銀行虧損。

而債券型基金或 ETF 也可以幫我們達到分散的效果，因為基金是集合大量投資者的資金，就有能力將資金分散至非常多檔債券；即便有單一檔債券違約，對整體資產的影響也是有限，雖然不能說違約風險為 0，卻也在可控制的範圍內（詳見圖 1）。

但是，為什麼會在新聞上看到「債券價格慘跌」、「債券漲相佳」這樣的報導？債券價格明明有可能下跌，難道投資者不會因此賠錢嗎？

雖說債券是固定利率商品，到期時也會歸還本金；不過，由於債券可以在市場上買賣，因此在市場上的價格，就會受到利率環境變化而有漲有跌。

如果你原本以 100 元買進一檔債券，在還沒領到任何利息時，就在債券價格跌到 98 元時賣出債券，自然會虧損 2 元。假設你不賣出，就這樣持有到期，期間仍可領到每一期的債券利息，最後依舊能拿回 100 元本金；期間不論債

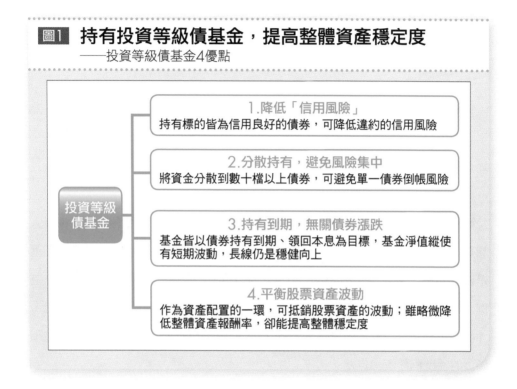

圖1 持有投資等級債基金，提高整體資產穩定度
──投資等級債基金4優點

投資等級
債基金

1.降低「信用風險」
持有標的皆為信用良好的債券，可降低違約的信用風險

2.分散持有，避免風險集中
將資金分散到數十檔以上債券，可避免單一債券倒帳風險

3.持有到期，無關債券漲跌
基金皆以債券持有到期、領回本息為目標，基金淨值縱使有短期波動，長線仍是穩健向上

4.平衡股票資產波動
作為資產配置的一環，可抵銷股票資產的波動；雖略微降低整體資產報酬率，卻能提高整體穩定度

券價格怎麼變化，都跟你沒有關係。

那麼，什麼情況會造成債券下跌呢？只要記得，當市場利率上漲，就會造成債券價格下跌。

直接舉例說明，假設你用 100 元買進一檔債券，每年領債息 4 元，到了第

10 年期滿，可領到最後一期利息 4 元與本金 100 元，對你來說，這檔債券能夠提供你 4% 的到期殖利率（Yield to Maturity，簡稱「殖利率」）。

持有債券期間，如果央行升息了，那麼存在銀行的存款年利率也會上升。為了吸引投資者，此時若有公司要發行新債券，提供的票面利率可能提高到 5%，才具有足夠的吸引力。

那麼先前已經發行的債券，若想要在市場上賣出，4% 殖利率當然不會有人想買，至少也要提高到 5% 才賣得出去。而債券要怎麼提高殖利率呢？當然就是降低賣出價格。以上述舉例的 10 年期 100 元債券，每年可領 4 元利息為例，若買進之後都還沒有開始領債息，那麼此張債券就得降低到約 92.28 元，才能提供新買家 5% 的殖利率。不過，如果你仍然堅持要持有到期，債券在市場上的漲跌仍舊與你無關。

但是，我們買進的是債券型基金，要怎麼知道基金持有的債券，有沒有被賠錢賣掉、影響投資人權益？由於全看經理人操作，這對主動式債券型基金可能是個問題，但若是被動式的債券指數型基金或 ETF 就不用操煩了，因為債券指數型基金的設立目標，就是將債券持有到期，若有債券到期，基金經理人會在市場上買入新的債券，因此長期持有債券型基金或 ETF，沒有不獲利的道理。

3-5 投資等級債ETF》 挑屆滿期長、殖利率高標的

台灣投資者過去只能透過銀行或基金平台購買主動式債券型基金，因此在挑選主動式債券型基金時，我會特別留意該基金持有的債券，是否以 BBB 級以上的投資等級債為主。

被動式的債券指數型基金或 ETF，先前也只能透過海外券商或國內券商複委託，而近年國內投信公司陸續開始發行美國公債 ETF，以及美國投資等級公司債 ETF（詳見表 1），提供國內投資人愈來愈多選擇。

美國公債的信用評級也屬於優良的投資等級，因此絕大多數以投資等級債為主的全球債券型基金，也都是以美國公債或投資等級公司債為核心標的。由於我們現在無法在國內買到全球型的投資等級債 ETF，只單純持有美國公債也是不錯的做法。

但問題來了，想挑選這些美國公債 ETF 時，會看到美國公債有不同年期的區

表1 國人可投資的債券型ETF選擇性愈來愈多

——國內可買到的美國公債ETF

持有公債年期類型	ETF簡稱（證券代號）	追蹤指數	屆滿期	上櫃日期
短期	富邦美債1-3（00694B）	富時美國政府債券1-3年期指數	1～3年	2017.06.08
	元大美債1-3（00719B）	ICE美國政府1-3年期債券指數	1～3年	2018.02.01
	新光美債1-3（00831B）	ICE美林美國政府1-3年期債券指數	1～3年	2019.04.26
中期	富邦美債7-10（00695B）	富時美國政府債券7-10年期指數	7～10年	2017.06.08
	元大美債7-10（00697B）	ICE美國政府7-10年期債券指數	7～10年	2017.06.23
長期	元大美債20年（00679B）	ICE美國政府20+年期債券指數	20年以上	2017.01.17
	國泰20年美債（00687B）	彭博巴克萊20年期（以上）美國公債指數	20年以上	2017.04.13
	富邦美債20年（00696B）	富時美國政府債券20年期以上指數	20年以上	2017.06.08
	FH20年美債（00768B）	彭博巴克萊20年期（以上）美國公債指數	20年以上	2019.01.28
	中信美國公債20年（00795B）	彭博巴克萊20年期（以上）美國公債指數	20年以上	2019.04.11
	新光美債20+（00832B）	ICE美林美國政府20年期（以上）債券指數	20年以上	2019.04.26
	群益25年美債（00764B）	ICE 25年期以上美國政府債券指數	25年以上	2018.12.24
	凱基美債25+（00779B）	彭博巴克萊25年期以上美國公債指數	25年以上	2019.02.14

──國內可買到的美國投資等級公司債ETF

持有債券之評級範圍	ETF簡稱（證券代號）	追蹤指數	屆滿期	上櫃日期
AAA至AA	群益AAA-AA公司債（00754B）	ICE 15年期以上高評等公司債（排除保險、金融服務次產業）指數	15年以上	2018.10.22
AAA至A	富邦A級公司債（00746B）	彭博巴克萊美元公司債A等級9-35年發行人3%限制指數	9～35年	2018.08.15
	中信高評級公司債（00772B）	彭博巴克萊10年期以上高評級美元公司債指數	10年以上	2019.01.29
	凱基AAA至A級公司債（00777B）	彭博巴克萊15年期以上AAA至A級美元公司債精選指數	15年以上	2019.02.14
	元大AAA至A公司債（00751B）	彭博巴克萊美國20+年期AAA-A公司債流動性指數	20年以上	2018.10.03
BBB	國泰投資級公司債（00725B）	彭博巴克萊10年期以上BBB美元息收公司債（中國除外）指數	10年以上	2018.02.07
	元大投資級公司債（00720B）	彭博巴克萊美國20+年期BBB公司債流動性指數	20年以上	2018.02.01

註：資料日期為 2019.05.08；「國內可買到的美國公債 ETF」表中，除 FH20 年美債不配息，其餘本表所列 ETF 皆為季配息，惟配息時間不一；「國內可買到的美國投資等級公司債 ETF」表所列 ETF 皆為季配息，惟配息時間不一
資料來源：櫃買中心網站

別，美國投資等級債看起來又大同小異，該怎麼挑選呢？

美國公債 ETF》長天期公債殖利率高、價格波動度大

目前國內發行的美國公債 ETF，按照債券屆滿期長短，大致可分為 3 種：短期債（1 ～ 3 年到期）、中期（7 ～ 10 年到期）、長期（20 年以上或 25 年以上）。

20 年以上的長天期公債，因為未知風險較大，殖利率會比中短天期的更高，債券價格的波動程度也會比較大。

如果想要知道一檔持有美國公債的 ETF，淨值受殖利率影響的敏感程度有多少，可以從發行該檔 ETF 的投信公司網站查詢它的「平均到期殖利率」（Average Yield to Maturity）及「平均有效存續期間」（Average Effective Duration）。

「平均到期殖利率」，指的是這檔 ETF 所擁有債券持有到期滿的年化報酬率，數字愈高，代表投資者能獲得的年化報酬率愈好。

「平均有效存續期間」則是目前所擁有債券，能夠領回所有本息的平均年數；

數字愈高，代表此檔 ETF 淨值對殖利率波動的敏感程度愈大。

　　如果想要知道這檔 ETF 對殖利率變化的敏感程度，可以運用簡單的算術，獲知它的「修正後存續期間」（Modified Duration），這代表殖利率每上升 1 個百分點，ETF 淨值會下跌多少幅度；修正後存續期間愈高，敏感度也愈高。

　　根據富邦投信網站資訊，富邦美債 20 年（00696B）於 2019 年 5 月 7 日的「平均到期殖利率」為 2.79%（詳見圖 1），「平均有效存續期間」17.74年；想知道修正後存續期間，只要將 17.74 年除以「1 ＋殖利率 2.79%」，即可算出答案是約為 17.26 年（＝ 17.74/1.0279）。

　　也就是說，富邦美債 20 年的殖利率若從 2.79% 升高到 3.79%（即升高 1個百分點），這檔 ETF 的淨值會下跌 17.26%；反之，殖利率從 2.79% 降至1.79%（下降 1 個百分點），淨值也會上升 17.26%。

　　以同樣的方法查看短天期的富邦美債 1-3（00694B）的資訊，即可看出差異。這檔 ETF 的平均到期殖利率是 2.29%，平均有效存續期間是 1.83 年，可算出修正後存續期間有 1.79 年；殖利率每變動 1 個百分點，淨值受影響的幅度只有 1.79%，波動程度非常小，較適合短、中期閒置資金的停泊（例如 1 ～5 年要用到的資金）。

　　而長天期的美國公債 ETF 因為殖利率較高，淨值波動程度也較大，若能夠在美國升息頂點時買進且長期持有，除了能享有較高的殖利率，未來若進入降息循環，淨值自然會跟著上漲，將可累積相對豐厚的獲利。

　　由於公債是由政府發行，而美國的國家主權信用評級，長年以來都被信評機構穆迪與惠譽國際評為最高等級（評等標示方式分別為 AAA 及 Aaa 級）。另一家權威信評公司──標準普爾，則是在 2011 年時，將美國從最高級的 AAA 調降 1 級為次高的 AA 級（截至 2019 年 5 月仍為 AA 級），因此美國公債毋庸置疑是標準的投資等級債。

美國投資等級公司債 ETF》信評愈高則殖利率愈低

　　至於公司債，即使我們買的是「美國投資等級債 ETF」，也會因為這些 ETF 所持有債券的信用評級不同而有所區別。根據標準普爾公司的分類，只要是 AAA、AA、A、BBB 都屬於「投資等級債」，但是 AAA 級一定會比 BBB 更優質，殖利率也會比 BBB 更低。

　　表 1 所列的國內可買到的美國投資等級公司債 ETF，都是持有投資等級（AAA、AA、A、BBB）的債券；如果仔細觀察這些 ETF 所持有的債券等級，可發現有的只持有 BBB 級債券，有的則只持有 BBB 級除外的投資等級債；而

圖1 從債券資訊即可算出ETF修正後存續期間
——以富邦美債20年（00696B）為例

	富邦美國政府債券ETF傘型之富邦美國政府債券20年期以上證券投資信託基金	富時美國政府債券20年期以上指數 ❹	差異 ❺
成分債券檔數	31	40	-9
持債比重(%)	98.78	100.00	-1.22
平均到期殖利率(%) ❶	2.79	2.83	-0.04
平均票息率(%)	3.27	3.16	0.11
平均有效存續期間(年) ❷	17.74	17.98	-0.24
平均到期日(年) ❸	25.55	25.88	-0.33

❶「平均到期殖利率（％）」：當前所有債券持有到期，所能帶給投資者的年化報酬率。

❷「平均有效存續期間（年）」：距離當前所有債券持有到期的平均年數。此數值除以「1＋殖利率」即可算出「平均修正後存續期間」。

❸「平均到期日（年）」：當前ETF所擁有債券的平均屆滿期。

❹「富時美國政府債券20年期以上指數」：此為該ETF所追蹤的指數。

❺「差異」：此為該ETF與追蹤指數的差異，例如ETF持有債券檔數比指數少了9檔；平均到期殖利率、平均有效存續期間皆略低於指數。

註：資料日期為 2019.05.07　　資料來源：富邦投信官網

債券信用評級愈高，平均殖利率也就愈低。

1.只持有後段班BBB投資等級債

例如元大投資級公司債（00720B）及國泰投資級公司債（00725B），都

是只持有投資等級後段班的 BBB 級債券，平均殖利率也相對較高；根據 2019 年 5 月 7 日的資料，這兩檔 ETF 的「平均最差殖利率」分別為 4.7%、4.9%。

2.只持有前中段班AAA至A投資等級債

只持有除了 BBB 級債之外的 AAA 至 A 級債，殖利率明顯較低。例如元大 AAA 至 A 公司債（00751B）、富邦 A 級公司債（00746B），平均最差殖利率分別為 3.94%、3.86%（資料截至 2019.05.07）。

3.只持有前段班AAA至AA投資等級債

例如群益 AAA-AA 公司債（00754B），只持有最高及次高的投資等級債，平均最差殖利率為 3.73%（資料截至 2019.05.07）；跟前兩類 ETF 相比，信用評等最佳，殖利率也明顯偏低。

如果你已經決定要買哪一種信評範圍的投資等級債，接下來要面臨的就是「屆滿期要挑較短天期，或較長天期？」這個問題的評估標準跟美國公債很類似，同樣是屆滿期愈長，存續期間也愈長，受殖利率變化的影響也愈敏感。

例如表 1 所列出的美國投資等級債 ETF 當中，有 10 年以上、15 年以上、也有 20 年以上。同樣持有 BBB 等級債的兩檔 ETF：國泰投資級公司債，屆滿期是 10 年以上；元大投資級公司債則是 20 年以上。後者的屆滿期與平均修

正存續期間比較長，淨值對於殖利率的變化就會較敏感。

　　結論就是，想要從投資等級債 ETF 獲得較高的報酬率，就選擇信用評級較低、屆滿期較久、殖利率較高的就對了。同時別忘了報酬率與波動風險息息相關，報酬率愈高就得忍受愈大的淨值波動，每個人忍受風險程度不同，最好能持有適合自己風險屬性的債券 ETF，才敢抱得長久。

3-6 觀察美國公債殖利率曲線 判斷股債買賣時機

投資等級債基金或 ETF，既然是作為長期資產配置的一環，我一向都是以「長期持有，不看進場點」為原則，因此只要定期定額、機械化的投入即可。

很多人因為不夠了解債券的性質，看到美國 2016 年底到 2018 年一路升息 8 次，美國公債及投資等級債的價格一路走低，因而心生畏懼。

進入 2019 年，升息腳步明顯放緩，在我看來，此刻或許是買入美國公債及投資等級債的好時機。

債券價格低點時買進，若仍是升息趨勢可繼續加碼

債券價格跟利率確實呈現反向波動，因此利率上升，債券價格就會下跌；如果升息已經接近尾聲，那麼等到利率往下降時，債券價格也會上漲。而在債券價格相對低點時買進的投資人，除了能享有相對高的殖利率，還多了賺取價差

圖1 投信公司網站會揭露債券ETF殖利率
——以元大AAA至A公司債（00751B）為例

	元大20年期以上AAA至A級美元公司債券ETF基金	彭博巴克萊美國20+年期AAA-A公司債流動性指數	差異
成分債券檔數	150	171	-21
持債比重(%)	98.96	100	-1.04
平均最差殖利率(%)	3.98		
平均信用利差(%)	0		
平均票息率(%)	4.35	4.42	-0.07
平均修正存續期間(年)	15.97	16	-0.03
平均到期日(年)	26.77	26.9	-0.13

> 以此檔 ETF 當天股價及所持有債券組合計算，平均殖利率最少會有 3.98%

註：資料日期為 2019.05.08　　資料來源：元大投信官網

的機會。

因此，如果在殖利率高點買進後，美國仍繼續升息，殖利率持續攀升，我的選擇是繼續加碼。等到開始降息，我所持有的債券價格則會往上攀升，就有一波價差可以賺，是進可攻、退可守的一個標的。

以元大 AAA 至 A 公司債（00751B）為例，2019 年 5 月 8 日所顯示的「平均最差殖利率」為 3.98%，也就是說目前投資這一檔 ETF，長期持有的年化報酬率最少會有 3.98% 左右（詳見圖 1）。同時也可以看到它的「平均修正存續期間」為 15.97 年，代表殖利率每下降 1 個百分點，淨值會上升 15.97%；

反之亦然。

　　假設以撰寫本文當日（2019.05.09）的收盤價 42.89 元買入，每張金額為新台幣 4 萬 2,890 元（暫不考慮買進手續費），即可預估，若未來開始降息，殖利率下降至 2.98%（下降 1 個百分點），此檔 ETF 的股價會上升約 15.97%，來到每股 49.74 元；到時除了領到的配息，每張還能多出新台幣 6,850 元左右的價差。持有存續期間愈久的 ETF 淨值，所產生的價差愈明顯；反向亦然。

當短債殖利率高於長債，可賣股買債

　　要如何從殖利率的變化觀察何時是賣股買債，或是賣債買股的時機呢？最容易的判斷方式就是觀察「殖利率曲線」。

　　債券持有的天數愈長，承受的風險愈高，所以長天期債券（簡稱「長債」）的報酬率當然要比短天期債券（簡稱「短債」）更高一些。因此正常情況下，長債殖利率多會高於短債，且當短債殖利率上揚時，長債殖利率也會跟著上揚。

　　觀察殖利率曲線時，我最喜歡使用的是美國「StockCharts」網站（www.stockcharts.com）。以 2017 年 7 月 13 日的美債殖利率曲線圖為例（詳見圖

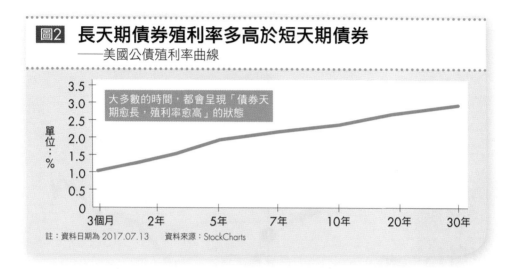

圖2　長天期債券殖利率多高於短天期債券
──美國公債殖利率曲線

> 大多數的時間，都會呈現「債券天期愈長，殖利率愈高」的狀態

單位：%

3.5
3.0
2.5
2.0
1.5
1.0
0.5
0

3個月　2年　5年　7年　10年　20年　30年

註：資料日期為 2017.07.13　　資料來源：StockCharts

2），當時才開始進入升息階段不久，愈短天期的債券殖利率愈低，愈長天期的債券殖利率愈高；3 個月期債券殖利率 1.05%、2 年 1.37%、5 年 1.89%、10 年 2.35%、30 年 2.92%。可以判斷當時的股市雖然迭創新高，但是景氣仍在擴張當中，還不用急著賣出股票資產。

然而，如果出現短債殖利率往上走，長天期的殖利率卻聞風不動，甚至出現短債殖利率高於長債殖利率，就代表景氣過熱，也就是俗稱的「殖利率倒掛」現象。此時你手上中的股票資產部位應有很不錯的獲利，假設原本設定的股債比是 6：4，此時可能因為股票資產上漲，使股債比變成 7：3 甚至 8：2；這個時候就可以考慮賣出一些股票型基金，轉買債券型基金，順勢讓股債比慢慢

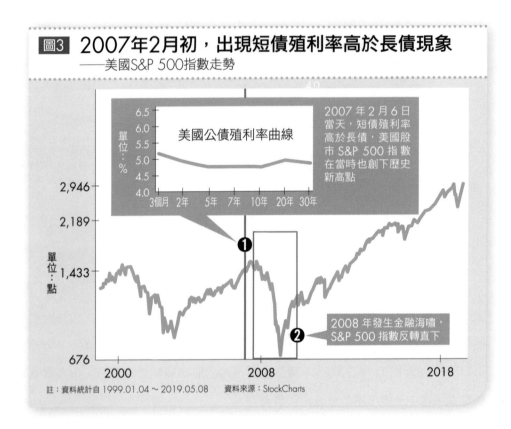

圖3 **2007年2月初，出現短債殖利率高於長債現象**
──美國S&P 500指數走勢

美國公債殖利率曲線

單位：%

2007 年 2 月 6 日當天，短債殖利率高於長債，美國股市 S&P 500 指數在當時也創下歷史新高點

❶

2008 年發生金融海嘯，S&P 500 指數反轉直下

❷

註：資料統計自 1999.01.04 ～ 2019.05.08　　資料來源：StockCharts

調整回 6：4。

　　以 2007 年 2 月 6 日為例（詳見圖 3），短債殖利率明顯高於長債；由於當時正處於景氣極度熱絡時期，美國股市 S&P 500 指數在當時也創下歷史新高 1,576 點。然而到了隔年，發生金融海嘯，S&P 500 指數腰斬，最低跌至

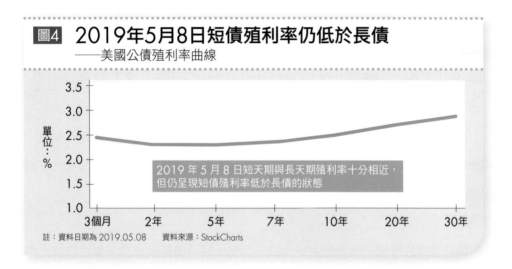

圖4 **2019年5月8日短債殖利率仍低於長債**
──美國公債殖利率曲線

註：資料日期為 2019.05.08　資料來源：StockCharts

666 點。

再看最近的例子，圖 4 是 2019 年 5 月 8 日美國公債殖利率曲線，短債殖利率確實比 2016 ～ 2017 年高出許多，且與長債殖利率十分相近。進一步查看殖利率數字，3 個月期的債券殖利率 2.43%、2 年 2.3%、5 年 2.28%、10 年 2.49%、30 年 2.89%，可見短債殖利率雖仍低於長債殖利率，但已經十分相近。

此時雖不能說景氣過熱，但是離高點可能也不遠了；當短債殖利率追上、甚至超過長債殖利率，就是將漲高的股票資產，轉成債券的大好時機，空手投資

者也可以在這時候買入債券。

一旦降息趨勢確立、殖利率開始下降，可賣債買股

在債券殖利率高點買進債券後，若邁入景氣修正時期，股市也會轉入空頭；這時候政府會引導利率下降，「降息」挽救經濟，債券殖利率也會跟著往下修正（詳見圖 5）。

景氣最糟的時候，債券殖利率會跌到低點，這時債券就會產生價差收益，剛好可用於轉入股市。我們若能趁著股價低檔，增加股票資產部位，等待景氣回升時，又可從股市獲得相對豐厚的利潤。

股債之間就是擁有這樣的負相關，所以資產配置才會這麼強調股債平衡。簡單說，只要你的資產配置是採取股債組合，可以把握這個基本原則：

債券殖利率高點：持有債券的比重就多一些。
債券殖利率往下走：持有股票的比重可以多一些。

如此一來，不管景氣怎麼變動，你都能輕鬆應變。但要再次提醒的是，本書所提到的債券資產，並不包含高收益債、以及新興市場債（多為信用評級較低

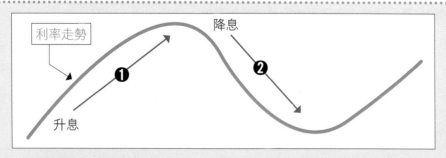

圖5 升息盡頭多買債，降息期間多買股
——利率變化與股債調整原則

利率走勢

降息

❶

❷

升息

❶ 升息尾聲：升息腳步趨緩，常是景氣熱絡期；股票價格上漲，債券價格下跌，但殖利率升高。

→應對方式：此時投資人多已享有股票上漲獲利，可將部分股票資產轉入投資等級債，正好能買在債券價格相對低點。

❷ 降息階段：降息階段常是景氣寒冬，股市開始進入空頭；股票價格下跌，債券價格上漲、殖利率下滑。

→應對方式：債券價格上揚，投資人已享有價差獲利，可將部分債券資產轉而投入股票資產。

的新興國家公債或公司債）；因為這類資產與股市連動性較高，通常呈現正相關，並不適用前述論點。

那麼高收益債可以投資嗎？可以想想銀行是怎麼做的。銀行也會將資金借給較高風險的客戶，只是會收取較高的利息來彌補可能的風險，但銀行一定會控

制這類業務的比重，不會讓高風險客戶成為主要放款對象。一般投資者也一樣，若要投資高收益債資產，持有部位也得小一點；而且也得將它歸類為與股票相同的資產，畢竟它無法平衡股票的波動風險。

實戰操作 ## 查看美國公債殖利率曲線

欲查詢美國公債殖利率曲線，「StockCharts」是很實用的網站，可免費看到每天的短債、長債等天期公債的殖利率，一旁還有美國S&P 500指數的走勢可供對照。

STEP 1
進入「StockCharts」網站首頁

進入網站首頁（www.stockcharts.com），點選❶「Charts & Tools」，找到❷「Dynamic Yield Curve」後，按下❸「Launch Yield Curve」按鈕。

 接續下頁

找到殖利率與美國S&P 500指數走勢圖

即可看到網頁左方顯示美國最近一個交易日的❶殖利率資料，包括3個月期、2年期、5年期、7年期、10年期、20年期以及30年期。右方則為❷美國S&P 500指數走勢，圖中是自1999年1月4日至2019年5月8日的走勢圖；圖上的紅線在最右側，代表目前你正在查看的是最新一個交易日的資料（此處以2019.05.08為例），左方殖利率曲線也是這天的數據。

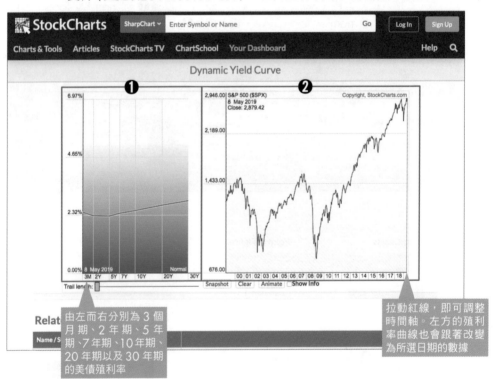

由左而右分別為 3 個月期、2 年期、5 年期、7 年期、10 年期、20 年期以及 30 年期的美債殖利率

拉動紅線，即可調整時間軸。左方的殖利率曲線也會跟著改變為所選日期的數據

堅守股票投資3重點 建立績優股組合

3-7

　　股票有一種特殊的吸引力，1天漲跌的幅度最高可達10%，就算1天只漲5%，投入20萬元，就有大約1萬元進帳。大家難免會這樣想：如果每月都能遇到幾次這樣的機會，不就月入好幾萬元？

　　短線操作可能有賺錢的機會，但是能夠長期穩定獲利者畢竟是少數。如果是抱著賭博心態的散戶，喜歡從電視節目、小道消息買「明牌」，猜測股價之後會上漲或下跌，結果通常會是虧損收場。這種盲目的做法，賭對了就賺錢、方向錯了就賠錢，說穿了就是碰運氣，也因此很多人會用「玩股票」來形容投資行為。

　　許多散戶經過股市長年洗禮之後，因為賠錢機會居多，有部分的人從此放棄股票，有部分則是轉到風險相對較低的「存股」。事實上，「存股」這種投資方式近年已蔚為風潮，投資者著眼在長期持有股票，領取企業發放的股利，跟過往大家習慣聽明牌的風氣相比，已有很大的進步。

「存股」這種投資方式，買進之後不去管它，真能長期穩賺嗎？沒有任何投資行為是保證絕對賺錢的，但只要你了解股票投資的本質，就可以把風險控制在相對安全的程度。關於股票投資，我認為有幾個必須掌握的重點：

重點 1》挑體質好的企業，並長期持有

買股票，一定要認清「投資行為不是賭博」。擁有一張股票就是持有一家企業的部分股權，需要經過理性分析，才值得你投入資金。投資者的心態也應該跟所有企業家一樣，靠的是企業盈餘來獲利，而不是整天想著別人會以更高的價格，買走自己手中的持股。

務實經營的老闆，都會把精力專注於營運及管理，2018 年卸任台積電（2330）董事長的張忠謀就是最好的典範。台積電是世界晶圓代工龍頭，從 2012 年股價不到 100 元，2017 年後站穩 200 元（詳見圖 1）；支撐股價上漲的最大原因，就是公司強大的競爭力以及獲利的成長（詳見圖 2）。

企業有了獲利股價自然上漲，就是這麼簡單的道理。只要挑選體質良好的企業，然後買進持有，就會有源源不斷的股利流入，這才是穩健的投資方式。

至於有些獲利不佳、甚至長期虧損的公司，為什麼也會突然成為飆股呢？除

圖1 台積電股價自2017年5月站上200元
──台積電（2330）月線圖

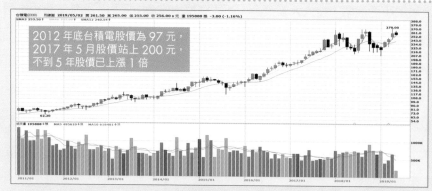

2012 年底台積電股價為 97 元，
2017 年 5 月股價站上 200 元，
不到 5 年股價已上漲 1 倍

註：資料統計自 2011.01.03 ～ 2019.05.10　　資料來源：XQ 全球贏家

圖2 台積電獲利與現金股利節節升高
──台積電（2330）每股盈餘與現金股利表現

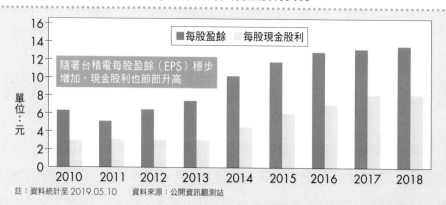

隨著台積電每股盈餘（EPS）穩步
增加，現金股利也節節升高

註：資料統計至 2019.05.10　　資料來源：公開資訊觀測站

了企業的基本面，股價確實也可能因為有心人炒作而上漲。畢竟股市是用來交易的市場，買的人多，賣的人少，也能使短期股價大漲。例如資金雄厚的金主，鎖定股本小的股票，投入大筆資金，就能夠拉抬股價，吸引「賭徒」爭相進場；等到股價漲高，金主就能夠脫手；直到最後市場上沒有其他買家想接手，股價就會崩跌回到原點。

也許有人會認為，「買這種飆股，賺到就趕快跑，不要當最後下車的人就好。」偏偏大多數散戶缺乏判斷與應變能力，且往往進場的時候就是最高點，根本來不及跑。

投資跟做任何事一樣，踏實才能走得長久。如果態度正確，選對穩健經營的公司，就應該耐心持有，這不是幾個月或半年就可達成的，甚至我認為投資時間不應該少於 5 年。只要持有時間拉長，就能享受企業的營運成果，投資報酬就能更穩定。

重點 2》發現企業創造獲利能力不再，就汰弱換強

買進股票之後，也不能從此不去管它，必須關注持股是否持續保有競爭力和獲利動能。股價跟公司獲利息息相關，獲利成長，股價就會往上漲；獲利下滑，股價就會下跌。一旦發現企業創造獲利的能力不再，就得汰弱換強，將基本面

疲弱的公司換到其他的好公司。

再複習一次，造成獲利下滑的風險有 2 種，一個是「系統性風險」，主要受整體大環境的影響；另一個是「非系統性風險」（個別風險），指的是個別企業內部因素的影響。而這兩種狀況所導致的股價下跌，有不同的應對方式：

系統性風險》可吸引理性投資者進場，支撐好公司股價

整體大環境在景氣循環高峰時期，儘管企業盈餘並無明顯增加，不管好公司、壞公司股價都會漲。相反的，進入景氣循環低谷或發生股災，所有股票也無來由的跟著下跌；只要大環境回歸正常狀態，優秀公司的股價自然就跟著回來。況且，好公司只要保有穩定獲利，自然有理性投資者撐住股價；因為這些投資者知道，這種狀況下的股價下跌，反而是讓他們以低價持有好股票的機會。

股價不是用喊的，例如台灣的電信業龍頭中華電（2412），2018 年度每股盈餘（EPS）為 4.58 元，2019 年將配發 4.479 元股息，如今的股價是 110 元（2019.05.09 收盤價），即使發生股災，也絕不會跌到剩下 10 元；因為從 110 元下跌之後，一定開始陸續湧現想買進的投資者，讓股價維持在多數人認為的合理價格。

上述提到的台積電與中華電都是績優股，前者屬於近年獲利明顯增長的成長

股，後者屬於成熟產業當中的民生必需股。它們都是因為基本面優良，因而受到市場青睞，股價才會居高不下。

長期持有這樣的股票雖然令人安心，但是萬一哪天它們失去了競爭力、獲利能力衰退，股價肯定也不會好看。也就是說，存股標的必須是產業前景好、企業持續具備獲利潛力。當你發現所持有的股票競爭力出現疑慮時，也不必留戀，正確做法應是更換持股。

非系統性風險》好公司失去競爭優勢，股價將一去不回

持有個股最怕的就是企業失去競爭優勢，就如同宏達電（2498）在手機市場失利，股價一落千丈再也不回頭。

宏達電曾經風光一時，以 HTC 為手機品牌，2011 年創下美國市占率第 1 的成績，年度獲利高達新台幣 619 億元，同年榮登台股股王，股價最高漲到 1,300 元。然而緊接而來的獲利衰退也非常迅速。從 2011 ～ 2013 年各季的獲利表現看來，宏達電自 2011 年第 4 季起獲利開始下滑，而股價早在公司公布獲利衰退前就跌了一波了。

這是科技產業的宿命，尤其競爭最激烈的手機產業，在贏者全拿的時代，一旦失去競爭優勢，獲利立刻就會快速下降，所以股價波動會非常劇烈。存股族

也最好減少這類型股票的比重。

重點 3》分散布局不同產業的好公司

既然要長期存股，如果可以找到一家完美企業，每年持續的獲利，配息就不會少，股價也永遠不會下降，那樣就太理想了。

只是，天底下怎可能有這樣完美企業？雖然如此，我們仍可以嘗試用其他方式來達成這個目標，那就是透過投資組合的方式，同時持有多家好公司。

投資組合的建構重點，在於分散布局不同產業，因為它們的相互關聯性低，產業輪流表現；不管是整體投資組合的獲利、股價表現，就有漲跌互補的功效，整體資產只會隨著景氣循環上下波動。景氣好時，所有公司總盈餘會多一些；景氣不好時則少一些，重要的是整體盈餘的趨勢是往上走的。

一旦有產業前景不佳，或是個股競爭力出現疑慮，就汰換組合當中的股票。值得長期持有的股票非常多，不會只有較熱門的那幾檔，沒有理由緊抱不放。

如果你自認沒有這麼多時間研究股票，也可以投資追蹤台灣 50 指數的 ETF，例如元大台灣 50（0050）或富邦台 50（006208）；只要買 1 張，

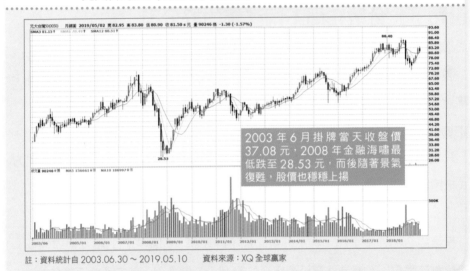

圖3　元大台灣50近16年股價呈現長期上漲
——元大台灣50（0050）月線圖

2003 年 6 月掛牌當天收盤價 37.08 元，2008 年金融海嘯最低跌至 28.53 元，而後隨著景氣復甦，股價也穩穩上揚

註：資料統計自 2003.06.30 ～ 2019.05.10　　資料來源：XQ 全球贏家

等於一次買入 50 檔分布於不同產業、市值在台股排行前 50 名的個股。編製台灣 50 指數的英商富時指數公司（FTSE），每一季還會自動調整持股比重，散戶只要買進持有即可，不用買來賣去，因為指數公司每季已經幫投資者調整好了。

即使是買進這種 ETF，大家仍會擔心，萬一買在股價高點，不就被套牢了嗎？這是短線投資者的思維，若以企業家的角度來看，只要未來每年都有盈餘且趨

勢向上，又何必拘泥於當前股價如何呢？

　　耐心等待景氣回升，這 50 家企業的盈餘自然就會回升，股價也會反彈回來，看看元大台灣 50 的股價走勢就知道了（詳見圖 3）。當股價因景氣而往下掉時，更積極的做法應該是加碼才是，因為擁有一組績優股，哪怕股價不會回來。加碼就是攤平的概念，重點是未來股價能夠反轉、且突破前波高點，因此個股並不適合攤平，但擁有一組績優股就不用擔心股價不回來。

3-8 自製存股績效表 掌握投資年化報酬率

　　整體說來，「存股」的概念很好，選對股票，持續增加持股張數，長期領取公司發放的股利，同時將股利再投入買股，是有效累積資產的投資方式之一。

　　存股投資者可分為 3 種風格，第 1 種是積極型投資者，喜歡產業具有成長性、獲利也年年明顯增長的公司。這類公司每年賺到的盈餘，有一大半會留在公司內部作為公司繼續成長的資本，所以發放的股利也會比較少。但也因為公司成功的擴張，長期持股的股東，通常也能享有隨公司獲利提升的股利成長；就算看到股價水漲船高，只要相信公司獲利前景沒有疑慮，就會抱住持股，同時享受股價的增長。

　　第 2 種是保守型投資者，看到股價突然大跌，會煩惱不已，所以寧可投資成熟產業、獲利穩定、股價波動性極低的「牛皮股」。像是電信股龍頭中華電（2412）、保全業龍頭中保（9917），以及官股銀行股等，都是保守型存股者喜歡的股票。

第 3 種是均衡型投資者，所存的股票兼具以上 2 種風格，一部分是穩定獲利的成熟型股票，一部分則是成長型股票，在穩健中求成長。

上述哪一種存股風格最好？還是老話一句，適合自己的最好，別當「盲目的投資者」就好。若你真要選擇存股當成主要投資方式，就得用心做功課，否則就算你買到了好股票，原本想存股，卻在還沒領到現金股利時，受到股價波動的影響而急忙賣掉，最終還是賺不到錢。散戶最常見的心態就是：看到股價下跌，就擔心會繼續跌；看到股價大漲，則認為已有小賺，而要先獲利了結，這可不能稱為投資。

用心的存股者，很少單純因為股價變化而賣掉股票，而是著眼在公司基本面是否出現變化；如果是公司出現了成長機會，使得基本面變得更好，那麼股價上漲就是正常的，應該要繼續持有才是。

配息來自於公司的盈餘，公司未來的盈餘表現是影響股價的主要因素；或許你現在持有的「存股」，長期以來的獲利表現都不錯，但是未來能否持續才是重點。否則哪天公司遇到強勁對手，或有替代性的新科技產生，導致市場拱手讓人，獲利就會往下掉，不僅現金股利減少，股價也會下跌，等於最後賣出股票時，拿回的本金也跟著短少。所以在投資前，可以好好研究一下，挑選不受景氣循環影響的產業，且分散持有標的的產業，盡可能鎖定財務體質優良的產

業龍頭股；持有期間也要留意股票的基本面是否惡化，存股才能存得安心。

　　存股族除了選股，另一個煩惱的問題就是股價，例如：「股價跟 1 年前相比已經上漲了 20%，還能繼續買進嗎？」「股價跌了 10%，會不會繼續跌？還能繼續持有嗎？」如果存的是成長股，涉及產業前景及獲利成長的預估，不在本書討論的範圍；如果存的是獲利穩定的成熟產業股票，多數投資者習慣用「現金殖利率」評估現在的股價值不值得買。

　　例如一檔股票每年股利都差不多，今年 8 月也一如往常會配 2 元，目前股價是 35 元，那麼現金殖利率就是 5.71%（＝現金股利 2 元／買進股價 35 元）。當股價漲到了 42 元，現金殖利率則會變成 4.76%，只要公司基本面沒有什麼變化，且多數投資者接受這樣的殖利率，就會支撐住這樣的股價。

記錄每筆存股現金流，1 秒算出年化報酬率

　　除了現金殖利率，我認為還需要考慮這檔股票所創造的「年化報酬率」。這裡簡單複習一下累積報酬率與年化報酬率的觀念。

　　通常在股票下單軟體帳務系統的「未實現損益」當中，可以看到目前所擁有股票的累積報酬率；也就是直接將投資期間內產生的獲利全部加起來，再除上

投入金額。雖然可以很清楚知道總共獲利多少，卻因為沒有考慮「時間價值」，很難確切知道這檔股票所創造的投資績效究竟好不好，也難以比較不同股票的表現，例如 10 年累積報酬率 50% 比較好？還是 6 年累積報酬率 30% 比較好？有些軟體甚至不會算進現金股利，更無法知道總報酬是多少。

想要真正了解開始存股之後，這檔股票為你帶來的年化報酬率，只要把每一筆現金流出、流入的時間點記錄下來，再利用 Excel 的「XIRR」函數，不用 1 秒鐘就能算出年化報酬率了。圖 1 以投資 1 張中華電股票為範例（為易於理解，以下試算暫不計入相關稅費）。

2013 年 5 月 6 日從銀行帳戶流出 9 萬 5,000 元現金，當年 8 月 23 日領到現金流入 5,350 元，持續到 2018 年每年 8 月都領到一筆現金股利。若在 2019 年 5 月 10 日這天，看到中華電的股價是 110 元，想要試算截至當日的年化報酬率，即可利用「XIRR」函數算出答案是 7.7%。

存股畢竟不等於銀行定存，銀行定存的本金可以十足拿回，但投入買股的本金，可沒有保證一定回收，還得看賣出時的股價而定。若賣出股價比買入還要高，實際年化報酬率會高於現金殖利率；相反的，賣出股價低於買入價格，年化報酬率也會低於現金殖利率。也就是說，除了已知的現金殖利率之外，賣出股價對年化報酬率來說也是個變數。

圖1 記錄買進價、現金股利，即可輕鬆算出年化報酬率
——以中華電（2412）為例

	A	B	C	D	E	F
1	股價	110.0				
2	累積報酬率	47.3%				
3	年化報酬率	7.7%				
4						
5	中華電					
6	日期	現金流量	股價/配息	備註		
7	2013/5/6	-95,000	95.0	以每股95買入1張		
8	2013/8/23	5,350	5.3500	每股配息5.35元		
9	2014/8/27	4,525	4.5251	每股配息4.5251元		
10	2015/8/27	4,856	4.8564	每股配息4.8564元		
11	2016/8/26	5,485	5.4852	每股配息5.4852元		
12	2017/8/25	4,942	4.9419	每股配息4.9419元		
13	2018/8/24	4,796	4.7960	每股配息4.796元		
14	2019/5/10	110,000	110.0	期末每股價格110.0元		
15						

註：本表配息之現金流量發生日期為中華電實際的現金股利發放日。若要精算相關稅費，買進時的現金流量需加上買進手續費、現金股利入帳可能會產生每筆 10 元匯費、賣出時現金流量也需扣除賣出手續費及證交稅

當股價跌到多少時，仍舊能夠維持你所要求的最低年化報酬率？我們可以在上述的試算表上，利用 Excel 的「目標搜尋」功能來估算（詳見實戰操作❶）。

例如圖 1 是根據過去的買進價、現金股利等現金流量，算出中華電若在 2019 年 5 月 10 日以 110 元賣出，年化報酬率是 7.7%。

假設中華電股價突然開始下跌，而你打算在 7 月底前換股，且希望賣出價能

讓你維持 4% 的年化報酬率，透過 Excel 即可知道只要中華電股價在 7 月底前以 87.1 元左右賣出（詳見實戰操作❷），就能保有約 4% 的年化報酬率。若投資者的要求不高，只需要保有與定存相同的 1% 年化報酬率，那麼即便股價跌至 69.9 元左右，仍可獲得相當於定存的報酬率。

中華電一開始是以每股 95 元買入，為何股價允許跌到 69.9 元仍有 1% 的年化報酬率？當中的道理就是現金殖利率。這幾年來，中華電每年平均約有將近 4.5% ～ 5% 的現金殖利率，每年領到的現金股利比定存利息還要多好幾倍，可以用來彌補可能的本金虧損。持有時間愈久，累積的現金股利愈多，可以抵擋股價波動的幅度就愈大。

實戰操作❶ 自製存股績效試算表

把買進股票與每年配息的現金流記錄下來，長期存股族就能清楚算出所投資股票的年化報酬率。讀者可從「怪老子理財」網站（www.masterhsiao.com.tw）左側選項的「下載書籍之EXCEL檔案」，點選「怪老子的簡單理財課」，下載「自製『定存股』績效試算表」。若想自行建立存股績效試算表（此處以中華電（2412）為例），步驟如下：

STEP 1 建立試算表

依序建立❶「日期」（A6）、❷「現金流量」（B6）、❸「股價／配息」（C6）與❹「備註」（D6）等項目欄位。接著在該表格的❺第1列（即儲存格A7：D7），輸入買進日期、實際支出的現金流量、成交股價等交易紀錄。由於買進股票是屬於現金流出，因此以負數表示。

	A	B	C	D	E
4					
5	中華電❶	❷	❸	❹	
6	日期	現金流量	股價/配息	備註	
7 ❺	2013/5/6	-95,000	95.0	以每股95買入1張	
8					
9					
10					
11					
12					
13					
14					
15					
16					
17					

陸續輸入股票配息紀錄

接著在❶表格第2列（即儲存格A8：D8）開始，陸續輸入實際領到現金股利的「日期」、股利現金流入金額的「現金流量」與每股配息金額等資料。而❷最後一列（此範例指第14列）則是截至目前的日期（A14）、預估賣出可得到的「現金流量」（B14）、最新股價；代表最新股價的「股價／配息」（C14）儲存格先不填入數字，而是填入公式「=B1」。

| | 檔案 | 常用 | 插入 | 版面配置 | 公式 | 資料 | 校閱 | 檢視 | | | | |

	A	B	C	D	E
4					
5	中華電				
6	日期	現金流量	股價/配息	備註	
7	2013/5/6	-95,000	❶ 95.0	以每股95買入1張	
8	2013/8/23	5,350	5.3500	每股配息5.35元	
9	2014/8/27	4,525	4.5251	每股配息4.5251元	
10	2015/8/27	4,856	4.8564	每股配息4.8564元	
11	2016/8/26	5,485	5.4852	每股配息5.4852元	
12	2017/8/25	4,942	4.9419	每股配息4.9419元	
13	2018/8/24	4,796	❷ 4.7960	每股配息4.796元	
14	2019/5/10	110,000	110.0	期末每股價格110.0元	
15					
16					
17		此儲存格填入公式「=B1」			
18					
19					
20					
21					
22					

接續下頁

填入股價、累積報酬率、年化報酬率

陸續建立❶「股價」（A1）、❷「累積報酬率」（A2）、❸「年化報酬率」（A3）項目。再於❹儲存格B1填入截至目前日期的最新股價。填寫完成後，下方表格最後一列的「股價／配息」（C14）欄位就會跟著這個儲存格連動。

接著，在❺儲存格B2填入累積報酬率的公式「=SUM(B8:B14)/(-B7)-1」，❻儲存格B3填入「XIRR」函數公式「=XIRR(B7:B14,A7:A14)」，計算年化報酬率。

	A	B	C	D	E
1	股價　❶	110.0❹		儲存格範圍 B7:B14 為現金流量，A7:A14 為現金流量發生的日期，只要儲存格 B1 股價變動，儲存格 B14 賣出股價的現金流量會自動更新，B3 的年化報酬率就會跟著變動	
2	累積報酬率❷	=SUM(B8:B14)/(-B7)-1❺			
3	年化報酬率❸	=XIRR(B7:B14,A7:A14)　❻			
4					
5	中華電				
6	日期	現金流量	股價/配息	備註	
7	2013/5/6	-95,000	95.0	以每股95買入1張	
8	2013/8/23	5,350	5.3500	每股配息5.35元	
9	2014/8/27	4,525	4.5251	每股配息4.5251元	
10	2015/8/27	4,856	4.8564	每股配息4.8564元	
11	2016/8/26	5,485	5.4852	每股配息5.4852元	
12	2017/8/25	4,942	4.9419	每股配息4.9419元	
13	2018/8/24	4,796	4.7960	每股配息4.796元	
14	2019/5/10	110,000	110.0	期末每股價格110.0元	
15					
16					
17					

實戰操作❷ 估算符合預期報酬率的最低股價

若想計算股價跌到多少時，仍能保有你希望的最低年化報酬率，可善用「目標搜尋」功能，快速獲得解答。以下步驟以年化報酬率1%為例：

STEP 1
點選「年化報酬率」儲存格

先點選❶「年化報酬率」（B3）儲存格，再依序點選❷「資料」索引標籤→❸「模擬分析」→❹「目標搜尋」。

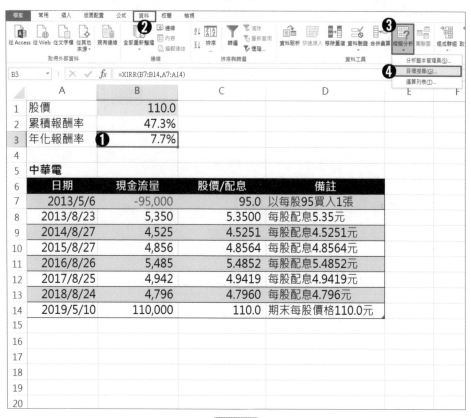

接續下頁

填入試算年化報酬率的目標數值

接著，就會出現「目標搜尋」小視窗。確認❶「目標儲存格」是否為「B3」（亦即年化報酬率儲存格）；並於❷「目標值」填入「1%」，❸「變數儲存格」填入「$B$1」，再按下❹「確定」。

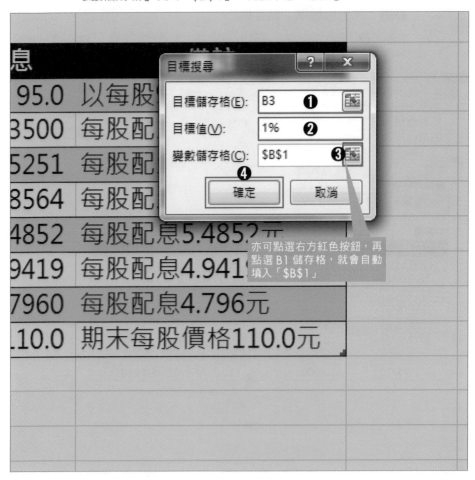

自動算出符合年化報酬率的股價

接著Excel就會自動調整「股價」（B1）的數值，直到年化報酬率（B3）出現1%為止。此時會出現❶「目標搜尋狀態」小視窗，告知已求得解答，按下❷「確定」，即可看到❸「股價」（B1）顯示「69.9」元。

意即截至目前為止，這筆中華電自2013年5月以來的存股投資，經過6年的配息，若在2019年5月10日跌至69.9元賣出，依然可創造1%的年化報酬率。

	A	B	C	D
1	股價	❸ 69.9		❶ 目標搜尋狀態
2	累積報酬率	5.2%		對儲存格 B3 進行求解，已求得解答。 逐步執行(S)
3	年化報酬率	1.0%		目標值: 0.01 暫停(P) 現有值: 1.0%
4				❷ 確定 取消
5	**中華電**			
6	**日期**	**現金流量**	**股價/配息**	**備註**
7	2013/5/6	-95,000	95.0	以每股95買入1張
8	2013/8/23	5,350	5.3500	每股配息5.35元
9	2014/8/27	4,525	4.5251	每股配息4.5251元
10	2015/8/27	4,856	4.8564	每股配息4.8564元
11	2016/8/26	5,485	5.4852	每股配息5.4852元
12	2017/8/25	4,942	4.9419	每股配息4.9419元
13	2018/8/24	4,796	4.7960	每股配息4.796元
14	2019/5/10	69,949	69.9	期末每股價格69.9元
15				
16				
17				
18				
19				
20				
21				

打造財務後盾

4-1 依目前物價＋通膨率2%估算 提前準備子女教育金

　　為人父母，除了要支付目前每月的生活開銷，若還想替孩子準備未來就讀大學的學雜費，勢必要先規畫準備。根據教育部統計處的統計資料，2018 年台灣私立大學平均 1 年的學雜費為 10 萬 9,944 元，如果再加上書籍費、在外租屋的房租及生活費，每年恐需要花費 30 萬～ 39 萬元，大學 4 年則需要 120 萬～ 160 萬元，若加上研究所學費，需要的金額又更高了。

　　對於一般上班族家庭而言，1 年多出 30 萬～ 39 萬元開銷，並不是一筆小數目，且現在小孩只有 1 ～ 2 歲大，就讀大學將會是 16 年後的事，要怎麼知道那時候的學費及生活費會是多少？若沒有預先儲備，實在感到吃不消。若能透過分期投資的方式來籌措，將能感到輕鬆許多，那麼應該每年或每個月投入多少錢才能做到呢？

　　其實很簡單，我們只要先用現在的物價預估未來所需金額，再以通膨 2% 估算所需資金的未來值，然後再以合理投資報酬率推算回來，就能清楚知道現在

開始需要投入多少錢，才能達成目標。這個方法不只適用於子女教育準備金，只要是 5 年之後才需要用到的資金，都可透過以下步驟來分期籌措：

步驟 1》估算所需資金

將「未來第幾年」所需要的「資金」列出來，這裡只需要以現在的物價估算即可。例如要為 1 個小孩準備資金，估算從現在起第 16 ～ 21 年底，各需要大學及研究所學費，每年 30 萬元，接下來還要估算未來所需資金的未來值。例如以通膨率 2% 估算，未來第 16 年底需有 41 萬 1,836 元，才會與如今的 30 萬元等值，計算公式如下：

Excel 公式》未來值

＝目前物價 ＊（1 ＋通貨膨脹率）^ 年數

＝ 300000*(1+2%)^16

＝ 41 萬 1,836 元

既然 16 年後才需要用到這筆資金，我們可以透過投資來準備。假設現在開始，每年固定撥出一筆錢，放在年化報酬率 5% 的投資組合，就能算出未來第 16 年所需要的 41 萬 1,836 元，約與目前的 18 萬 8,667 元等值，計算公式如下：

Excel 公式》現值

＝通膨調整後所需資金未來值／（1＋年化報酬率）＾ 年數

＝ 411836/(1+5%)^16

＝ 18 萬 8,667 元

由於每年所需金額都需要按以上方法推算，我們可以請 Excel 代勞（詳見實戰操作），即可快速算出結果。

以養育一個小孩為例，未來第 16 ～ 21 年底所需要的總資金，加總之後共是 259 萬 7,909 元，但以年化投資報酬率回推，約與目前的 105 萬 4,158 元等值（詳見圖 1）。這個現值的意義是，若現在有單筆 105 萬 4,158 元，需投資於 5% 年化報酬率之投資組合，才足以支付未來 16 ～ 21 年的教育準備金所需。

步驟 2》推算現在起需分期投資的金額

為 1 個小孩準備 105 萬 4,158 元，對於一般上班族不是小數目，所幸距離小孩上大學還有好幾年的時間，家長即可利用這段期間來分攤負擔。要用多久時間來分攤都可以，準備期間愈長、每期的金額就會愈少。此時可以再利用 Excel 的「PMT」函數，快速算出每一期所要分攤的金額。

圖1 用目前物價即可推估未來值
——以每年投入30萬元，16～21年後的未來值及現值為例

年數(年底)	每年費用(目前物價)	通膨調整後(未來值)	現值
16	300,000	411,836	188,667
17	300,000	420,072	183,276
18	300,000	428,474	178,040
19	300,000	437,043	172,953
20	300,000	445,784	168,011
21	300,000	454,700	163,211
22		-	-

未來16～21年，每年共需30萬元費用（共180萬元）

未來值加總為259萬7,909元
➡假設通膨率每年2%，到時需有259萬7,909元才足夠

現值加總為105萬4,158元
➡假設現在拿出105萬4,158元投資，年報酬率5%，才能在未來16～21年支付共259萬7,909元的費用

註：1.單位為元；2.「通膨調整後所需資金未來值」Excel公式「＝年數＊（1＋通貨膨脹率）^年數」，通膨率以每年2%估算；3.「現值」Excel公式「＝通膨調整後所需資金未來值／（1＋年化報酬率）^年數」，年化報酬率以5%估算

延續上述例子，如果年化投資報酬率5%，即可算出每年需投入的金額為8萬2,220元；除以12個月，每月只需撥出6,852元就能做到。計算公式如下：

Excel公式》按現值推算每年需投入金額

＝PMT（投資報酬率，年數，現值）

＝PMT(5%,21,1054158)

＝-8萬2,220元（負值代表現金流出）

步驟 3》用 2 段式資產配置組合，籌備未來所需資金

上述範例是以年化投資報酬率 5% 估算，許多沒有投資經驗的讀者通常會很擔心：難道籌措教育基金，一定要透過投資才行嗎？不能存在銀行定存比較保本嗎？

放在銀行定存也是一個方法，只是因為年利率相當低，所以現在開始所要分期投入的金額就要比較高；以年利率 1% 估算，每年得準備 11 萬 4,556 元，相當於每月需存入 9,546 元。

相反地，投資組合如果能創造更高的投資報酬率，那麼每年所需投入的金額就愈低。例如年化報酬率能有 7%，那麼每年只需準備 6 萬 8,766 元（詳見表 1），相當於每月 5,731 元；跟銀行定存相比，每月要投入的金額足足少了 4 成。

當然，投資報酬率與波動風險呈現正相關，報酬率愈大的投資標的，波動風險就會愈高。因此風險與報酬的拿捏就顯得相當重要，需要在合理範圍內，才能有效縮小所需投入金額，同時又能達成目標。

擅長股票投資且能創造穩健獲利者，只要年化報酬率贏過大盤，大概就能達成目標。而對於沒有投資經驗的散戶，我比較建議利用股票型基金及債券型基

表1 投資組合投資報酬率愈高，每月需投入金額可變少

——以期望在21年累積到105萬4,158元為例

年化投資報酬率	每年需投入金額（元）	每月需投入金額（元）
1%	114,556	9,546
4%	89,633	7,469
5%	82,220	6,852
7%	68,766	5,731
10%	51,912	4,326

以每年平均投資報酬率7%估算，每月僅需投入5,731元

金的資產配置組合來達成，可分成 2 段式配置：

◎ **5 年後才會用到的錢：**股票型基金占 50%，債券型基金占 50%。

◎ **5 年內會用到的錢：**股票型基金占 30%，債券型基金占 70%。

假設教育基金所需要的時間點在 15 年以上，那麼第 1 年到第 10 年，採取股債各半的配置，即便遇到股市進入空頭市場，也有時間等待回升；甚至在低檔時利用多餘資金加碼，創造較大的獲利。等到第 11 年開始，已經接近需要用錢的時候，再把股票型基金的部位，挪一些到債券型基金；遇到經濟不景氣時，也還有債券型基金擋著。至於基金的選擇原則是什麼？什麼時候可以買？我的建議如下：

◎**股票型基金**：全球股票型基金（或 ETF）。

◎**債券型基金**：全球（或美國）投資等級債券型基金（或 ETF）。

這兩類基金都是定期定額買入、長期持有就可以，也不需要停損及停利。定期定額的優點就是不用考慮低點或高點，只要持續買入就會買到平均價。

而債券型基金的波動比起股票小很多，只要組合中的債券比重高過 5 成，股票型基金的波動對整體資產的影響就有限。等到你較有投資經驗後，也可以掌握股債轉換的技巧，適時維持兩者比例（詳見 3-6）。

實戰操作 ## 試算未來所需資金的每年準備金

由於每個人有把握的投資報酬率不同，因此本範例所設定的條件，不一定適合所有人，且有些人的小孩可能已經就讀國小以上，或才剛出生……，但只要善加利用本章介紹的規畫方式，就可對家庭未來的資金需求瞭若指掌。想要自行試算的讀者，可先到「怪老子理財」網站（www.masterhsiao.com.tw）左側選項的「下載書籍之EXCEL檔案」，點選「怪老子的簡單理財課」，下載「著手準備未來所需資金」試算表。黃色儲存格是需自行填入的部分。此以準備1個小孩於未來第16～21年底所需準備的教育金為例：

STEP 1 ### 自行填入數值

填入❶「通貨膨脹率」（B1，此處以2%為例）、❷「投資報酬率」（B2，此處以5%為例）、❸「分期年數」（B5，此處以21年為例）。

	A	B	C	D	
1	通貨膨脹率	❶ 2.0%	填入預估通膨率		
2	投資報酬率	❷ 5.0%			
3	現值加總		填入預估年投資報酬率		
4	未來值加總				
5	分期年數	❸ 21			
6	每年金額		填入需要準備資金的年數		
7	每月金額				
8	總投入金額				
9					
10	年數(年底)	每年費用(目前物價)	通膨調整後(未來值)	現值	
18	7		-	-	
19	8		-	-	
20	9		-	-	
21	10		-	-	
22	11		-	-	
23	12		-	-	
24	13		-	-	

 接續下頁

按資金需求年度、目前物價，填入每年所需費用

由於現年2歲的孩子，在未來第16年底要開始上大學，以現在的物價水準估算，學雜費加上外宿生活費，每年大約需要30萬元，因此在需要用到教育費用的年數中，於第16～21年處的❶「每年費用（目前物價）」欄位，各填入「300,000」。

	A	B	C	D
1	通貨膨脹率	2.0%		
2	投資報酬率	5.0%		
3	現值加總	1,054,158		
4	未來值加總	2,597,909		
5	分期年數	21		
6	每年金額	82,220		
7	每月金額	6,852		
8	總投入金額	1,726,625		
9				
10	年數(年底)	每年費用(目前物價)	通膨調整後(未來值)	現值
25	14		-	-
26	15		-	-
27	16	❶ 300,000	411,836	188,6
28	17	300,000	420,072	183,2
29	18	300,000	428,474	178,0
30	19	300,000	437,043	172,9
31	20	300,000	445,784	168,0
32	21	300,000	454,700	163,2
33	22		-	-
34	23		-	-
35	24		-	-
36	25		-	-
37				
38				

得知試算結果

可算出在通貨膨脹率2%、投資報酬率5%狀況下，準備21年，❶「每年金額」（B6）為8萬2,220元，相當於❷「每月金額」（B7）為6,852元。

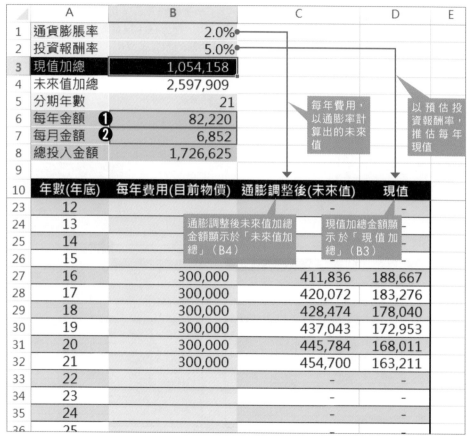

	A	B	C	D	E
1	通貨膨脹率	2.0%			
2	投資報酬率	5.0%			
3	現值加總	1,054,158			
4	未來值加總	2,597,909			
5	分期年數	21	每年費用，以通膨率計算出的未來值		
6	每年金額 ❶	82,220		以預估投資報酬率，推估每年現值	
7	每月金額 ❷	6,852			
8	總投入金額	1,726,625			
9					
10	年數(年底)	每年費用(目前物價)	通膨調整後(未來值)	現值	
23	12		-	-	
24	13	通膨調整後未來值加總金額顯示於「未來值加總」（B4）		現值加總金額顯示於「現值加總」（B3）	
25	14				
26	15				
27	16	300,000	411,836	188,667	
28	17	300,000	420,072	183,276	
29	18	300,000	428,474	178,040	
30	19	300,000	437,043	172,953	
31	20	300,000	445,784	168,011	
32	21	300,000	454,700	163,211	
33	22		-	-	
34	23		-	-	
35	24		-	-	
36	25		-	-	

註：1. 本試算表 C 欄「通膨調整後（未來值）」，以第 16 年底（C27）為例，Excel 公式為「=B27*(1+$B$1)^A27」，亦即以設定的通貨膨脹率（B1），去計算第 16 年底每年費用的未來值，此欄各年度皆沿用此公式；2. 本試算表 D 欄「現值」，以第 16 年底（D27）為例，Excel 公式為「=C27/(1+$B$2)^A27」，亦即以設定的投資報酬率（B2），回推當年度通膨調整後未來值的現值，此欄各年度皆沿用此公式

接續下頁

查看驗算表

實際投資時，不可能出現每1年資金都能穩定增加的狀況，但我們仍可期望長時間投資後的資金累積成果。

因此，於本張試算表右方另外設計了一張❶驗算表，以上述範例而言，若每年投入8萬2,220元，持續到第21年，那麼在年投資報酬率5%、通膨率2%的條件下，將足以支應第16～21年底的教育金支出。

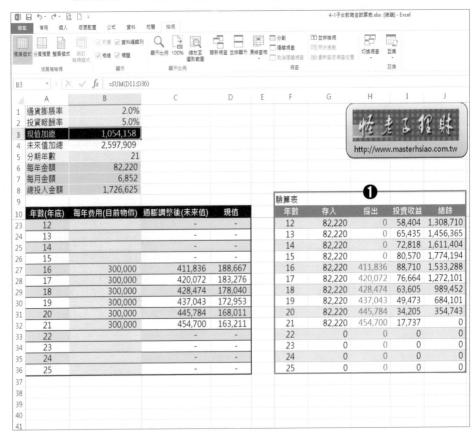

	A	B		C	D	E	F	G	H	I	J
1	通貨膨脹率	2.0%									
2	投資報酬率	5.0%									
3	現值加總	1,054,158									
4	未來值加總	2,597,909									
5	分期年數	21									
6	每年金額	82,220									
7	每月金額	6,852									
8	總投入金額	1,726,625									
9								驗算表	❶		
10	年數(年底)	每年費用(目前物價)		通膨調整後(未來值)	現值			年數	存入	提出	投資收益	結餘
23	12			-	-			12	82,220	0	58,404	1,308,710
24	13			-	-			13	82,220	0	65,435	1,456,365
25	14			-	-			14	82,220	0	72,818	1,611,404
26	15			-	-			15	82,220	0	80,570	1,774,194
27	16	300,000		411,836	188,667			16	82,220	411,836	88,710	1,533,288
28	17	300,000		420,072	183,276			17	82,220	420,072	76,664	1,272,101
29	18	300,000		428,474	178,040			18	82,220	428,474	63,605	989,452
30	19	300,000		437,043	172,953			19	82,220	437,043	49,473	684,101
31	20	300,000		445,784	168,011			20	82,220	445,784	34,205	354,743
32	21	300,000		454,700	163,211			21	82,220	454,700	17,737	0
33	22			-	-			22	0	0	0	0
34	23			-	-			23	0	0	0	0
35	24			-	-			24	0	0	0	0
36	25			-	-			25	0	0	0	0

延伸學習　**2位小孩教育金的估算方法**

若需要為2個小孩各準備6年的教育金，而2個小孩剛好間隔2歲；則第1個預計在未來16～21年底用錢，第2個則會在未來第18～23年底用錢，該怎麼預估現在起需每月投資多少錢？按照前文介紹的步驟，可將需要用錢的狀況先列出：

以替2個小孩各準備6年的教育金、每年各投入30萬元為例

項目／年數	16	17	18	19	20	21	22	23
第1個小孩	30萬	30萬	30萬	30萬	30萬	30萬		
第2個小孩			30萬	30萬	30萬	30萬	30萬	30萬
總計	30萬	30萬	60萬	60萬	60萬	60萬	30萬	30萬

註：單位為元

填入前述介紹的Excel試算表，即可知道未來第16～23年底，若通膨率2%，未來值共為530萬775元；再以年投資報酬率5%回推現值，可知道現在需要204萬8,939元：

未來第16～23年所需金額未來值及現值

	年數(年底)	每年費用(目前物價)	通膨調整後(未來值)	現值
10				
25	14		-	-
26	15		-	-
27	16	300,000	411,836	188,667
28	17	300,000	420,072	183,276
29	18	600,000	856,948	356,079
30	19	600,000	874,087	345,906
31	20	600,000	891,568	336,023
32	21	600,000	909,400	326,422
33	22	300,000	463,794	158,548
34	23	300,000	473,070	154,018
35	24		-	-
36	25		-	-
37				
38		未來值加總為 530 萬 775 元		現值加總為 204 萬 8,939 元
39				

接續下頁

若要將204萬8,939元分攤到23年做準備，Excel計算公式如下：

=PMT(5%,23,2048939)

=-15萬1,902元／年（負值為現金流出）

	A	B	C	D	E
1	通貨膨脹率	2.0%			
2	投資報酬率	5.0%			
3	現值加總	2,048,939			
4	未來值加總	5,300,775			
5	分期年數	23			
6	每年金額	151,902			
7	每月金額	12,658			
8	總投入金額	3,493,742			
9					

即可知道，每年投入15萬1,902元，也就是每月投入1萬2,658元到年平均投資報酬率5%的投資組合，就能達成目標。

4-2 揭開「分期零利率」糖衣下的高利率陷阱

生活中有各種大大小小的支出，有些商品的消費金額較高，商家就會提供分期付款的選項。面對「精品輕鬆買」、「零利率分期」等廣告詞，好像分期付款就會比較划算似的。

以購車為例，車商會打出「零利率購車」方案，只要支付部分頭期款，其餘金額分期支付就好，真有這麼好的事嗎？

貨幣有時間價值，只要是金錢就會有資金成本。就算是父母無息借給子女買房或創業的錢，原本也是可以拿去投資，或至少放銀行定存領利息；父母只是基於愛護子女，自願犧牲該得的利息，無息借款給子女。

現金價與零利率貸款價，潛藏「隱含利息」

車商和銀行的營業目的都是賺錢，怎可能雙方都自行吸收利息？所以買車

時，消費者才會看到兩種價格，一個是價格較低的「現金價」，一個是價格較高的「零利率貸款價」，這中間的價差就是隱含利息。

假設汽車的現金價 76 萬 8,000 元，零利率貸款的車價是 79 萬 7,400 元。若選擇貸款，消費者需要先支付自備款 29 萬 7,400 元，另外 50 萬元則透過貸款分攤到 3 年繳款，每月需繳 1 萬 3,889 元。

以這個例子來看，即便車商號稱貸款零利率，只要現金付款金額比貸款還要少，這價差顯然就是利息。消費者的貸款本金其實是 47 萬 600 元，但消費者總共支付了 50 萬元，多出的價差 2 萬 9,400 元就是利息了。

因為購車金額龐大，通常車商會找幾家金融機構來配合，談好貸款本金、繳款期數、實際貸款年利率，算出每期本息繳款金額之後，再對外宣稱零利率，反正真正車價是多少消費者根本不知道。上述例子就是貸款本金 47 萬 600 元，分成 3 年本息平均攤還，以貸款利率 4% 計算後，算出每月得繳 1 萬 3,889 元。

算出來的每月本息繳款金額，直接乘上貸款期數 36 個月，剛好是 50 萬元左右，於是就被包裝成「50 萬元零利率貸款」；然而消費者並不知道這月繳 1 萬 3,889 元，含有大約 4% 年利率的本息金額。車商對內則告知銷售單位，若消費者選擇現金交易，只需要支付 76 萬 8,000 元。無法一次拿出 76 萬

8,000 元的消費者，也只能選擇分期付款購車；但是對於有能力一次付清的消費者來說，就要煩惱怎麼做比較划算了。

雖然一次付清的總價比較低，然而分期付款只需要先付頭期款，其餘金額如果拿去投資，只要在未來 3 年創造比車貸年利率更高的年化投資報酬率，不是更有利嗎？

因此，有投資能力的消費者，就要懂得怎麼計算購車方案當中的隱含利率。Excel 有一個「RATE」函數，我們只需填入繳款期數、每月支付金額、實際貸款金額，就可以快速計算出來（詳見圖 1）。

根據前述範例，車貸必須每月攤還，共需繳款 3 年，即 36 個月，因此繳款期數填入「36」；每月支付金額填入「13889」；實際貸款金額則填入現金車價減去頭期款後的「470600」元（＝76 萬 8,000 元－29 萬 7,400 元）；由於「RATE」函數算的是期利率，此例 1 期是 1 個月，乘上 12 就能知道年利率是 3.976%。

要驗算是否正確，只要到任何銀行貸款的網頁，輸入貸款金額 47 萬 600 元，貸款期限 3 年，年利率 3.976%，以本息平均攤還，每月繳款金額的試算結果一定是 1 萬 3,889 元（詳見圖 2）。事實上，車貸利率 4% 並不算高，通常

圖1 善用「RATE」函數，快速計算貸款利率
——「RATE」函數公式

RATE（繳款期數,–每月支付金額, 實際貸款金額）*12

| 貸款期數。若以1個月為1期，1年則為12期 | 零利率貸款金額除上繳款期數 | 現金價減去頭期款 | 若1期為1個月，RATE計算結果即為月利率，乘以12才是年利率 |

範例 假設繳款期數 36 期、每期支付金額 1 萬 3,889 元，實際貸款金額 47 萬 600 元，則實際貸款年利率計算公式如下：
=RATE（36,-13889,470600）*12
=3.976% → 實際貸款年利率

汽車貸款利率應該落在 8% 才算正常，意思是這輛車的現金價76 萬 8,000 元，應該還有殺價空間。

資金年報酬率＞貸款利率，才適合貸款購車

年利率 4% 的貸款，到底要用現金買？還是用車商宣稱的「零利率貸款方案」比較有利？就要看消費者的資金運用能力了。如果原本購車的這筆預算，是存放在年利率 1.1% 的銀行定存（也就是資金報酬率只有 1.1%），那當然選擇

圖2 **運用銀行網站，輕鬆驗算貸款利率**
──以台北富邦銀行網站為例

資料來源：台北富邦銀行網站

用現金購車；因為資金報酬率小於貸款利率，存款利息並不足以支付貸款利息。然而，若是消費者對投資非常在行，資金年報酬率有把握超過 4%，顯然就應該選擇貸款購車。因為消費者實質上雖然支付了年利率 4% 的利息，但是貸款得來的款項，透過有效資金運用所產生的報酬，不僅足以支付貸款利息，還能獲得額外的投資獲利。

坦白說，若採取穩健的投資方法，在 3 年時間創造「每年 4% 以上」的報酬率，

是有機會的；但若是貸款利率高達 8%，得要有特別卓越的投資功力才行。

刷卡分期期數愈多，總繳金額也愈高

不只是車貸，只要到各大購物網站，也可以看到一項商品會有「一次付清價」、「線上分期價」，分愈多期，每期繳款金額愈低，總價卻最高，而高出的價格就是消費者需負擔的利息。

例如，一台 2 萬 1,000 元的筆電，分 6 期需月付 3,665 元，總繳金額 2 萬 1,990 元，比一次付清價高出了 990 元。再用 Excel 的「RATE」函數計算，年利率可是高達 15.99%（Excel 公式：「=RATE(6,-3665,21000)*12」）。

至於有些購物網站是在結帳手續時，提供消費者分期付款的選項，看起來消費者不需負擔利息，其實利息成本只是由商家自行吸收罷了。而商家為什麼願意負擔利息？當然就是扣掉利息之後，商家仍能賺到想要的利潤；消費者若再仔細比價，或許也能以更低的價格買到相同的商品。如果商家扣掉利息成本後是賠本賣，大概也無法經營得長久了。

還有一點要特別注意的是：「信用卡分期付款」。表面上看來，是減輕付款壓力的工具，稍有不慎，卻很容易讓小資族掉入循環消費的陷阱。

　　例如月薪 3 萬元的上班族，每月扣掉生活必要支出，大約還有 5,000 元的結餘。為了犒賞自己，分期刷了 1 萬 5,000 元的旅費，分 6 期付款，每月只要付 2,500 元，覺得還算輕鬆。沒多久看到新手機上市，要價 4 萬 8,000 元，分 12 期付款則須月付 4,000 元。

　　這樣一來，每個月光是支付分期款項，一共要花 6,500 元，已經超過了原本每月可以留下的結餘，這代表下個月開始，就得挪用先前的存款；就算省吃儉用一點，不去挪用存款，那麼接下來幾個月，也很可能變成月光族，無法繼續累積存款。

　　購買高單價商品，利用分期付款，表面上可以讓付款變得很輕鬆，實際上卻隱含著高利率，以及未來一段時間的付款壓力；最好能夠在消費前確認這筆金額是否在預算之內，付款時也避免使用分期付款為宜。

實戰操作　計算分期購物的年利率

本章內文簡單介紹了如何利用「RATE」函數，計算出隱藏在購物價格的貸款年利率，讀者也可從「怪老子理財」網站（www.masterhsiao.com.tw）左側選項的「下載書籍之EXCEL檔案」，點選「怪老子的簡單理財課」，下載「計算分期購物的年利率」試算表。其中，黃色儲存格分別填入繳款期數（1個月為1期）、每月繳款金額、貸款本金，即可快速知道貸款年利率是多少。此範例是根據內文所舉的例子，商品一次付清價2萬1,000元，分6個月繳款，月付3,665元，所算出的年利率為15.99%為例。

建立試算表

若讀者想自行製作此表，可先建立❶「繳款期數」（A1）、❷「每月繳款金額」（A2）、❸「貸款本金」（A3）與❹「貸款年利率」（A4）項目，再分別填入分期繳款的月數、每月須繳交多少金額、實際貸款金額（即商家所標示的「一次付清價」或「現金價」），即可自動計算出實際的❺「貸款年利率」（B4）。

	A	B	C	D
1	❶繳款期數	6	月	
2	❷每月繳款金額	3,665	元	
3	❸貸款本金	21,000	元	
4	❹貸款年利率	❺		
5				
6				
7				
8				
9				
10				

為儲存格命名

按下圖所示輸入表格內容，並為儲存格定義名稱。首先，先選取❶欲命名的儲存格範圍（此處以儲存格A1:B4為例），點選功能表的❷「公式」→❸「從選取範圍建立」，勾選❹「最左欄」，點選❺「確定」，即可將儲存格B1:B4命名為對應的左欄內容。

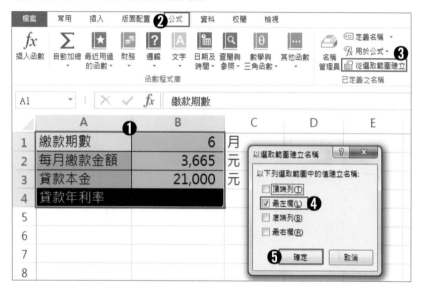

 tips

亦可以「定義名稱」方式為儲存格命名

定義名稱有兩種方式，除了上述的「從選取範圍建立」之外，亦可個別命名，方法是先點選欲命名的儲存格後，按下功能表中的「公式」→「定義名稱」，即會出現「新名稱」小視窗，填入要定義的名稱即可。為儲存格定義名之後，未來在同一份試算表當中，若有任何公式需要參照該儲存格，都會以該儲存格的名稱顯示，之後若要維護或修改此張試算表公式時就會更加輕鬆。

接續下頁

設定「RATE」函數

先點選❶已被命名為「貸款年利率」的儲存格（B4），再點選❷「fx」符號，於「插入函數」小視窗的「搜尋函數」欄位中，輸入❸「RATE」→❹「開始」，❺點選搜尋到的該函數，按下❻「確定」。

計算月利率

接著，輸入對應的儲存格位置。

Nper：先按下❶右邊按鈕，再直接點選❷已被命名為「繳款期數」的儲存
　　　格（B1）。

Pmt：先輸入❸「-」負號，再按下❹右邊按鈕，接著點選❺已被命名為
　　　「每月繳款金額」的儲存格（B2）。

Pv：按下❻右邊按鈕，點選❼已被命名為「貸款本金」的儲存格（B3）。

輸入完成後，按下❽「確定」，即可算出月利率為❾1.33%。

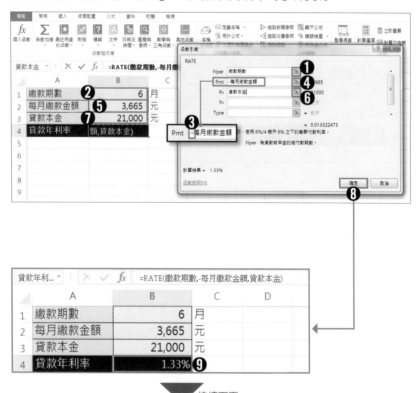

接續下頁

算出貸款年利率

最後將上個步驟計算出來的月利率❶乘上12，即可得出❷「貸款年利率」（B4）為「15.99%」。

之後只要在黃色儲存格輸入欲試算的條件，即可快速得出該項購物方案的貸款年利率有多少。

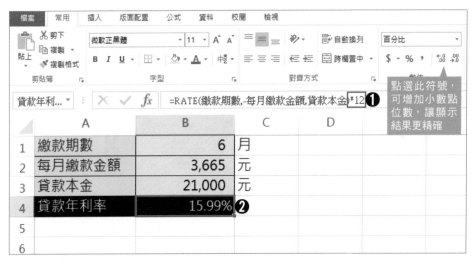

(4-3) 從租金行情推算合理房價

　　台灣的房價自 2009 年起漲後，於 2014 ～ 2015 年創下歷史高點，直到政府實施打房相關政策後才停止漲勢。2016 ～ 2019 年以來，房價雖然沒有繼續往上漲，但也跌不太下去，有意購屋成家者，看到居高不下的房價，若沒有長輩幫忙，根本不敢妄想買房。然而在外租屋者，也沒有好到哪裡去，這幾年來不少租屋族都能感受到，租金節節升高；如果已有足夠的買房頭期款，到底應該先買房還是繼續租房？房價這麼高，是不是乾脆長期租房就好？

　　若有關心近期的新聞時事，可注意到「高租金逼走〇〇店」相關報導，也就是北中南都會區的店面，因為房東漲租金，即使店家經營得有聲有色，獲利已無法支撐上漲的租金。有些店家選擇搬遷到租金較低的地點，有些則是選擇關門大吉。不只是店家租金上漲，上班族所居住的雅房、套房，家庭居住的公寓、大樓等，也都日漸上漲。根據行政院主計總處的數據，全台灣的租金指數，自 2011 年後呈現每年上漲的趨勢（詳見圖 1）。因此今年的租金，不一定等於明年的租金，也不可能等於 10 年後的租金。

接下來我就要跟大家分享，如何利用租金評估目前的房價是否值得你入手。方法是先找出欲購買房屋的租金行情，並算出永久租用該房子的租金總金額，再回推為未來租金於現在的總價值（即「現值」），算出來的價格就可作為該房屋的合理房價參考。

步驟 1》估算永久租屋的未來租金現值

首先來計算，永久租屋總共得支付多少租金？最簡單的方式就是一一列出每一年所要支付的租金，再合計未來租金的現金流量。由於近年的租金趨勢是一年比一年高，然而我們無法估計租金的上漲幅度，因此先預設租金隨著通貨膨脹率而成長。

舉個例子來說，如果一間房子今年的月租金是 2 萬 5,000 元，全年則是 30 萬元，以通貨膨脹率為 2% 來試算，在列出租金的金額時，第 1 年就填入「300,000」元，第 2 年上漲 2%，則填入「306,000」元，第 3 年為「312,120」元……依此類推。

假設要永久支付每月租金，可以將未來每筆租金的現金流量先列出來，看起來就是無限多筆（詳見圖 2）。意思是說，如果我們手中有一筆資金，每年都能用這筆資金創造現金流入，直到永遠，那麼就可以用創造出的現金流入，去

圖1 **2011年後台灣租金指數年年上漲**
──租金指數

註：1. 資料統計自 2008.04 ～ 2019.04；2. 此租金指數是指「消費者物價房租類指數」　　資料來源：行政院主計總處

支付每年的房屋租金，也就是所謂「永續年金」的概念。用此概念來看未來租金的現金流量，即可套用現值的公式，算出「未來租金現值」。例如目前房屋年租金為 30 萬元，年租金以通貨膨脹率 2% 每年成長、投資報酬率為 5%，即可算出未來所有租金，加總之後的現值為 1,050 萬。公式如下：

$$未來租金現值 = \frac{年租金}{投資報酬率 - 租金成長率} \times (1 + 投資報酬率)$$

$$= \frac{年租金 30 萬元}{投資報酬率 5\% - 租金成長率 2\%} \times (1 + 投資報酬率 5\%)$$

$$= 1,050 萬元$$

也就是說，若現在拿出 1,050 萬元，投資於報酬率 5% 之投資標的，獲利就足以產生未來所需要的租金，而且直到永遠（詳見實戰操作）。因為投資報酬率為 5%，所以第 1 年光是獲利就有 52 萬 5,000 元，扣掉上漲 2% 後的租金 30 萬 6,000 元，還剩下 21 萬 9,000 元；本金 1,050 萬元一點都沒有減少，還增加了 21 萬 9,000 元。依此類推，不論是多少年，本金不只永遠不會減少，所增加的幅度還足以應付租金成長。

總租金現值，受3變數影響

計算現值的公式，當中有 3 個變數：「目前年度租金」、「租金成長率」、「投資報酬率」，又該怎麼設定呢？

◎**目前年度租金**：以你想要購買的房屋而定，可上網或到實地查詢類似條件房屋的租金作為參考。

◎**租金成長率**：租金成長率可能因為地點有所不同，我們採取與預估通貨膨脹率相同的 2% 估算，已算是相對保守。當然，若是都會精華區、鄰近大眾交通樞紐，預估的租金成長率就可以稍微調高一點。

◎**投資報酬率**：同樣年租金 30 萬元，不同的投資報酬率，計算結果也不一樣，表 1 列出投資年化報酬率在 3% ～ 6.5% 的未來租金現值，可以看到當投資報

圖2　以永久支付每月租金前提下，列出未來現金流量
──以年租金30萬元、通膨率2%每年成長為例

```
                                                    331,224
                                          324,730
                                318,362
                      312,120
300,000   306,000                                            ......

   1        2         3         4         5         6            ∞-1      ∞
```

註：單位為元

酬率愈高，未來租金現值愈低。但是如果真有一筆資金，打算透過投資獲利來付租金，也不會放在投資風險過高的標的，最適合的就是定存及投資等級債券的組合，因此預設報酬率也不會太高。

步驟2》將未來租金現金視為房地產內在價值

從上述計算結果來看，只要有單筆1,050萬元資金，投資報酬率5%，且該房屋目前年租金為30萬元，就足以永久支付未來的租金；那麼，用租的或買的，不都是一樣？因此對於有能力達到年投資報酬率5%的人來說，1,050萬元就相當於房地產的內在價值，也可視為合理房價的參考值。假若能用1,050萬元或相近價格買到這間房屋，對於房屋需求者而言，就是值得買進的價格。相

表1 投資報酬率愈高，未來租金現值愈低
——投資年化報酬率在3%～6.5%下的未來租金現值

投資報酬率	未來租金現值
3.0%	3,090萬元
3.5%	2,070萬元
4.0%	1,560萬元
4.5%	1,254萬元
5.0%	1,050萬元
5.5%	904萬元
6.0%	795萬元
6.5%	710萬元

反的，如果房價遠高於 1,050 萬元，那麼目前選擇用租的還是比較划算一些。

　　任何投資商品，不論是股票、債券、房地產等，都有其內在價值。透過上述的應用，可以幫助我們了解目前房價到底是貴還是便宜。

　　房價和地域有相當關聯，可能台北市大安區的房價過高了，但是萬華區卻是被低估。以縣市為單位來看，也有可能台北市、新北市房價過高，而高雄市、台中市的房價偏低。要如何知道房價是貴或便宜，就得依靠一個實際可行的評估方式，否則只會流於臆測而已。

實戰操作 ## 計算房地產內在價值

可從「怪老子理財」網站（www.masterhsiao.com.tw）左側的「下載書籍之EXCEL檔案」選項，點選「怪老子的簡單理財課」進入本書專區，下載「計算房地產內在價值」試算表，填寫黃色儲存格，即可看到自動計算的結果：

STEP 1

填寫房屋年租金，即可自動計算內在價值

先填入欲購買房屋的❶「目前年度租金」（B1，此處以30萬元為例），「租金成長率」預設為2%，「投資報酬率」預設為5%，即可自動計算出❷「未來租金現值」（B4），亦可視為該房屋的內在價值。

	A	B	C	D	E	F	G
1	目前年度租金	300000					
2	租金成長率	2.0% ❶					
3	投資報酬率	5.0%					
4	未來租金現值	10,500,000 ❷					
5							
6	年度	年租金	現值				
7	0	300,000	300,000				
8	1	306,000	291,429				
9	2	312,120	283,102				
10	3	318,362	275,013				
11	4	324,730	267,156				
12	5	331,224	259,523				
13	6	337,849	252,108				
14	7	344,606	244,905				
15	8	351,498	237,908				
499	492	5,109,821,880	0				
500	493	5,212,018,317	0				
501	494	5,316,258,684	0				
502	495	5,422,583,857	0				
503	496	5,531,035,534	0				
504	497	5,641,656,245	0				
505	498	5,754,489,370	0				
506	499	5,869,579,157	0				
507	500	5,986,970,741	0				
508	合計		10,499,995				
509							

破解2疑問 選對房貸還款方式

　　由於購屋需要數百萬到千萬元以上的金額，很少人有辦法一次備足現金購屋，多會先付一筆頭期款，其餘則向銀行貸款，再用 20、30 年的時間，慢慢償還。

　　銀行當然不會平白無故借錢出去，因此購屋者在申辦房貸時，是將該房屋抵押給銀行；若是哪天還不出房貸了，且與銀行協商無效，銀行有權將房屋查封並交由法院拍賣，將法拍所獲款項用於償還剩餘貸款。然而房子的法拍價格都遠低於市價，要是拍賣價格還不足以償還剩餘貸款，那麼銀行還是有權利追繳剩餘欠款。因此在購屋之前，除了備齊頭期款，也必須再三衡量自身財務狀況和繳款能力，房貸還款金額最好不要超過收入的 1/3。

　　各大銀行和房仲公司網站，都有提供還款金額的試算；只要輸入貸款金額、貸款年數、年利率等條件，就能知道未來每月需要負擔的繳款金額有多少。以下就來看看，房貸族最常出現的疑惑，以及正確的思考方向：

Q1：本息均攤、本金均攤，哪種還款方式比較好？

A：同樣貸款條件下，本金均攤的總利息較低

房貸的還款方式，可以選擇「本息平均攤還法」（以下簡稱「本息均攤」）或「本金平均攤還法」（以下簡稱「本金均攤」），每一期利息都是根據尚未償還的「本金餘額」所計算出來的。而這兩種還款方式，主要差別是每期還款金額當中，本金與利息所占的比率不同，兩者主要特色如下：

◎**本息均攤**：每期還款金額一樣，因此初期還款時，尚未償還的本金餘額較高，所算出的利息也會稍微高一些，利息占還款金額的比重也比較高。隨著償還的本金愈來愈多，利息所占比重也愈來愈少。

◎**本金均攤**：每期還款金額都不同，但償還本金的金額是一樣的。這種方式是將本金（貸款金額）除以還款期數，例如 120 萬元，一共借 12 期（12 個月），所以每期償還金額當中，會固定還 10 萬元本金；第 1 期利息就是用 120 萬元計算；繳完第 1 期後，第 2 期利息則用 110 萬元計算……依此類推。因此初期的每月還款金額較高，隨著所還本金愈來愈多，每月還款金額也會愈來愈低（詳見表 1）。

以相同的貸款本金與年利率試算，本金均攤因為初期還的本金較多，所以總

表1 本息平均攤還法總繳利息較高
——本息平均攤還法

期數	本金餘額（元）	償還本金（元）	利息（元）	月繳金額（元）	
0	1,200,000	–	–	–	剛開始所償還本金較少，而後逐漸遞增
1	1,100,754	99,246	1,650	100,896	
2	1,001,372	99,382	1,514	100,896	
3	901,852	99,519	1,377	100,896	
4	802,196	99,656	1,240	100,896	
5	702,403	99,793	1,103	100,896	
6	602,473	99,930	966	100,896	每期還款金額相同
7	502,406	100,068	828	100,896	
8	402,200	100,205	691	100,896	
9	301,858	100,343	553	100,896	
10	201,377	100,481	415	100,896	
11	100,757	100,619	277	100,896	
12	0	100,757	139	100,896	
		總利息	10,752		總繳利息較高

利息也比較少。我們再以較貼近實際情況的貸款方案試算。假設貸款 800 萬元，年利率 1.65%、貸款期限 25 年，兩種攤還方式的差別如下：

◎**本息均攤**：每月固定還款 3 萬 2,562 元，總繳利息約為 177 萬元。

——本金平均攤還法

期數	本金餘額（元）	償還本金（元）	利息（元）	月繳金額（元）	
0	1,200,000	—	—	—	每期所償還的本金一致
1	1,100,000	100,000	1,650	101,650	
2	1,000,000	100,000	1,513	101,513	
3	900,000	100,000	1,375	101,375	
4	800,000	100,000	1,238	101,238	
5	700,000	100,000	1,100	101,100	
6	600,000	100,000	963	100,963	每期還款金額逐漸下降
7	500,000	100,000	825	100,825	
8	400,000	100,000	688	100,688	
9	300,000	100,000	550	100,550	
10	200,000	100,000	413	100,413	
11	100,000	100,000	275	100,275	
12	0	100,000	138	100,138	
		總利息	10,725		總繳利息較低

註：此以貸款本金 120 萬元、年利率 1.65%、借款 1 年（分為 12 個月攤還）為例

◎**本金均攤**：第 1 期還款 3 萬 7,667 元，最後一期繳 2 萬 6,703 元，總繳利息約為 166 萬元。

本金均攤共能省下 11 萬元利息，不過初期還款壓力較高；本息均攤的每期

還款金額一致，比較好管理，但總繳利息較高。該選哪一個較好呢？

一般而言，隨著年齡與工作經驗提升，上班族的收入會愈來愈高。我的建議是，如果有能力支付 3 萬 7,667 元，那麼不妨每個月都以這筆金額還款，這樣就能縮短貸款期限。例如採取本息均攤，將貸款期限縮短至 21 年，每月固定還款 3 萬 7,585 元，總繳利息 147 萬元，比繳款 25 年本金均攤的利息 166 萬元，整整減少了 19 萬元。不過，如果擔心自己無法持續負擔相同條件的還款金額，希望能趁年輕時負擔較高的費用，讓還款壓力愈來愈輕，那麼本金均攤或許比較適合你。

Q2：是否該使用「寬限期」？
A：若使用寬限期，還款過程先甘後苦

「寬限期」指的是這段期間不還本金，只還利息；既然沒有償還任何本金，因此每期利息都是用貸款全額本金計算。例如，貸款 800 萬元，年利率 1.65%，貸款期限 25 年，寬限期 3 年，前 3 年每月還款金額一律是 1 萬 1,000 元（＝ 800 萬元 ×1.65%／12 個月）。

由於總共貸款 25 年，3 年寬限期過後，只剩下 22 年可以償還，若以本息平均攤還法計算，從第 4 年起，每年要還的金額為 3 萬 6,155 元，總繳利息

表2 使用寬限期，總利息負擔較高

——以貸款800萬元、年利率1.65%，期限25年為例

	寬限期內 每月繳款金額 （元）	寬限期後 每月繳款金額 （元）	總繳利息 （元）	比「無寬限期」 多繳總利息金額 （元）
無寬限期	3萬2,561	3萬2,561	176萬8,538	—
寬限期2年	1萬1,000	3萬4,852	188萬3,217	11萬4,679
寬限期3年	1萬1,000	3萬6,155	194萬1,092	17萬2,554
寬限期5年	1萬1,000	3萬9,158	205萬7,917	28萬9,379

註：本表採取本息平均攤還法計算

達 194 萬元；比起沒使用寬限期，總共多支付了 17 萬元左右（詳見表 2）。

以前寬限期最多以 3 年為限，近年愈來愈多金融機構提供長達 5 年的寬限期。使用寬限期，會讓貸款者覺得壓力較小，比起付房租更輕鬆；但如果過了寬限期，就是沉重壓力的開始。

或許有些貸款者認為，可以趁寬限期的期間，將資金拿去投資；可別忘了，這些錢原本就是要繳房貸的，難以承受風險。車貸還不出來頂多是失去代步工具，房貸若還不出來，連住的地方都沒有了。既然決定購屋，想必已經考量清楚自己未來的還款能力，為免夜長夢多，還是避免使用寬限期，及早開始還房貸本金，降低家庭債務壓力才是。

還原房貸真實年利率 挑到划算房貸方案

4-5

購屋可說是多數人一生當中最大的開銷，面對銀行推出的貸款方案，大家都想精打細算，做出最有利的選擇。貸款時一定希望年利率愈低愈好，需要繳的利息才會愈少。而銀行所提供的貸款年利率，其實也跟房屋條件、貸款者個人職業、財力與信用有關；因此貸款者必須實際與銀行交涉後，才能針對銀行提供的貸款方案仔細比較。

簡單 5 步驟，輕鬆比較 1 段式、分段式利率

在貸款期間內，若貸款年利率的標準都相同，稱為「1 段式貸款利率」。但銀行為了吸引客戶，還會提供「分段式貸款利率」，也就是第 1 段（通常是第 1 年或前 2 年）給予特別低的年利率，第 2 段則是直到貸款結束期間，皆適用較高的年利率。由於年利率的差距看起來很小，常讓貸款者不知道如何比較。

此外，除了貸款年利率，銀行多會再加收「開辦手續費」、「信用查詢費」、

「帳戶管理費」等相關費用，不同銀行索取的費用名目與金額不一，在比較時也必須一併加入考量。雖然各家銀行條件都不同，我們仍可透過以下步驟，輕鬆比較出結果：

步驟 1》列出每期還款金額：先按照貸款金額、貸款期限、銀行提供的利率條件，把各方案的「每期還款金額」全部列出來。

步驟 2》確認實際撥款金額：列出貸款時需支付的所有相關費用，將貸款金額減去費用之後，視為「實際撥款金額」。例如貸款 800 萬元，銀行所收取相關費用為 1,000 元，那麼實際撥款金額為 799 萬 9,000 元。

步驟 3》列出各期現金流量：列出貸款期間的每一期現金流量。

步驟 4》計算實質年利率：根據以上列出的現金流量，用 Excel 自動計算出實質年利率。

步驟 5》找出最划算方案：實質年利率（或稱等效 1 段式利率）最低者，即為最划算貸款方案。

舉個實例，假設貸款 1,000 萬元，貸款期限 30 年，每月還款；兩個貸款方案條件分別如下：

A 方案：1 段式利率，目前 1.6%，開辦費用 2,300 元。

B 方案：2 段式利率，第 1 段（前 2 年）目前 1.44%，第 2 段（第 3 年起）

1.74%，開辦費用 2,300 元。

步驟1》列出每期還款金額

　　將貸款條件輸入銀行貸款試算網站或 Excel 表（詳見實戰操作），以本息均攤計算，可知道：

　　A 方案：需每月還款 3 萬 4,994 元。

月繳款分析表						
起始期數	適用期數	尚餘期數	年利率	月繳款	貸款餘額	繳款小計
0					10,000,000	
1	360	0	1.60%	34,994	-0	12,597,806

　　B 方案：在前兩年需每月還款 3 萬 4,225 元，第 3 年（第 25 個月）起為每月還款 3 萬 5,585 元。

月繳款分析表						
起始期數	適用期數	尚餘期數	年利率	月繳款	貸款餘額	繳款小計
0					10,000,000	
1	24	336	1.44%	34,225	9,459,178	821,396
25	336	0	1.74%	35,585	0	11,956,525
	361	0	0.00%	0	0	0

步驟2》確認實際撥款金額

　　兩個貸款方案皆需支付開辦費用 2,300 元，代表銀行實際撥款金額只有 999 萬 7,700 元（＝貸款金額 1,000 萬元－開辦費用 2,300 元）。

步驟3》列出各期現金流量

　　將兩個貸款方案的現金流量分別列出。第 0 期的現金流量是 999 萬 7,700 元（即為銀行實際撥款金額），因為銀行幫我們代墊金額給房屋賣方，所以視為現金流入（以正值表示）。之後從第 1 期開始，就要每月還款給銀行，因此每月的還款金額視為現金流出（以負值表示）。

A 方案

現金流量表	
期數	現金流量
0	9,997,700
1	-34,994
2	-34,994
3	-34,994
4	-34,994
5	-34,994
6	-34,994
356	-34,994
357	-34,994
358	-34,994
359	-34,994
360	-34,994

B 方案

現金流量表	
期數	現金流量
0	9,997,700
1	-34,225
2	-34,225
3	-34,225
4	-34,225
5	-34,225
6	-34,225
356	-35,585
357	-35,585
358	-35,585
359	-35,585
360	-35,585

步驟4》計算實質年利率

　　有了兩個方案的現金流量表，就能利用 Excel 的「IRR」（內部報酬率）函數，

快速算出實質年利率。再將所有繳款金額加總，扣掉貸款金額後，即為該方案的總利息。

　　A 方案：實質年利率為 1.602%，總利息為 259 萬 7,806 元。
　　B 方案：實質年利率為 1.7%，總利息為 277 萬 7,921 元。

步驟5》找出最划算方案

　　從「步驟 4」計算出來的結果，可以看出 A 方案實質年利率較低，總利息當然也就比較低，比起 B 方案少了約 18 萬元，因此可知道 A 方案比較划算。

貸款多採機動計息，年利率會隨升降息改變

　　要注意的是，銀行提供的貸款年利率多為「機動計息」（或稱「浮動計息」）；就算有些銀行會在第 1 段提供固定的年利率，但是第 2 段之後還是會調整為機動計息。也就是說，貸款年利率不是永久不變的，需要有心理準備。

　　「機動計息」是用當下的「定儲利率指數」加上固定的「百分點」，作為當下的貸款年利率。「定儲利率指數」會定期調整並公告，如果遇到升息，利率自然就會提高；遇到降息則利率會降低。以前述實例來說，貸款者簽下貸款合約時，A 銀行提供的貸款年利率是 1.6%，其實是用該銀行當時採用的「定

儲利率指數」1.089% 加上「0.511 個百分點」所計算出來（即「1.089 + 0.511」）。

假設之後面臨升息，定儲利率指數提高到 1.174%，加上 0.511 個百分點為 1.685%（＝1.174 + 0.511），貸款者接下來就會適用 1.685% 的貸款年利率。簡單說，銀行是以客戶的存款借貸出去，所以定存利率就是銀行的貸款成本，外加的 0.511 個百分點就是銀行的利潤。

定儲利率指數又是怎麼訂出來的呢？以中華郵政為例，是採用 2 年期定儲利率。臺灣銀行則是採取國內 6 家金融機構（合作金庫銀行、台灣土地銀行、第一商業銀行、彰化商業銀行、華南商業銀行、臺灣銀行）的 1 年、2 年、3 年期定儲固定利率平均值。

辦理房貸是人生重要大事之一，平時最好能與銀行維持良性的往來，並且累積好的信用紀錄，以免成為銀行眼中的高風險客戶，導致無法獲得理想的貸款條件。身為貸款者，我們也有權利貨比三家，多多比較不同銀行的條件，再利用本章介紹的方法，你自己也有能力選出最划算的貸款方案。

實戰操作　計算房貸實質年利率

可從「怪老子理財」網站（www.masterhsiao.com.tw）左側的「下載書籍之EXCEL檔案」，點選「怪老子的簡單理財課」，下載「房貸實質年利率輕鬆算」試算表，只有黃色儲存格需要自行輸入，其餘皆會自動顯示。

以本章範例：假設貸款1,000萬元，貸款期限30年，每月還款為例。A、B貸款方案條件分別為：

A方案：1段式利率，目前1.6%，開辦費用2,300元。

B方案：2段式利率，第1段（前2年）目前1.44%，第2段（第3年起）1.74%，開辦費用2,300元。

試算表填寫方式如下：

STEP 1

先填入A方案貸款條件

此先以A方案為例，於❶「貸款金額（元）」（B1）處填入「10000000」、❷「貸款期限（年）」（B5）填入「30」年，❸「第一段年利率」（B2）則填入「1.6%」，並於❹「費用合計（元）」（B7）處，填入開辦費用「2300」元。填寫完成後，即可看到❺「實質年利率」（B8）已自動計算出「1.602%」。

> 「月繳款分析表」顯示第 1 期到第 360 期（每期為 1 個月），每月需繳款 3 萬 4,994 元，期間繳款總金額為 1,259 萬 7,806 元

	A	B	C	D	E	F	G	H	I	J
1	貸款金額(元)	10,000,000 ❶		月繳款分析表						
2	第一段年利率	1.60% ❸		起始期數	適用期數	尚餘期數	年利率	月繳款	貸款餘額	繳款小計
3	第二段年利率			0					10,000,000	
4	第三段年利率			1	360	0	1.60%	34,994	-0	12,597,806
5	貸款期限(年)	30 ❷			361	0	0.00%	-0	0	-0
6	總期數(月)	360			361	0	0.00%	0	0	0
7	費用合計(元)	2,300 ❹								
8	實質年利率	1.602% ❺		只有 1 段式利率，因此這兩處不需要輸入任何數字						
9	總利息(元)	2,597,806								
10										

填入B方案貸款條件

再來看看本章範例的B方案。一樣先在❶「貸款金額（元）」（B1）處填入「10000000」、❷「第一段年利率」（B2）則填入「1.44%」，但貸款年利率採取2段式，因此❸「第二段年利率」（B3）則填入「1.74%」，❹「貸款期限（年）」（B5）則填入「30」年。

接著，在❺「費用合計（元）」（B7）處，填入開辦費用「2300」。「月繳款分析表」也要填寫第2段的❻起始期數「25」（即第25個月）。則可看到❼「實質年利率」（B8）自動計算出結果為「1.7%」。

填入「25」，代表從第 25 個月開始，適用第 2 段年利率 1.74%

顯示前 24 個月需月繳 3 萬 4,225 元，第 25 個月起應繳 3 萬 5,585 元

	A	B	C	D	E	F	G	H	I	J	K	L	M
1	貸款金額(元)	10,000,000		月繳款分析表									
2	第一段年利率	1.44%		起始期數	適用期數	尚餘期數	年利率	月繳款	貸款餘額	繳款小計			
3	第二段年利率	1.74%		0					10,000,000				
4	第三段年利率			1	24	336	1.44%	34,225	9,459,178	821,396			
5	貸款期限(年)	30		25	336	0	1.74%	35,585	0	11,956,525			
6	總期數(月)	360			361	0	0.00%	0	0	0			
7	費用合計(元)	2,300											
8	實質年利率	1.700%											
9	總利息(元)	2,777,921											
10													

「現金流量表」自動列出每一期現金流量

「利率變動分析表」自動顯示在不同年利率的狀況下，月繳款金額以及總利息的變化

「驗算表」列出每一期貸款本金餘額、當期已償還本金及利息。到了最後一期正好還清，因此本金餘額為 0 元

	A	B	C	D	E	F	G	H	I	K	L	M
17	現金流量表			利率變動分析表						驗算表(實質年利率)		
18	期數	現金流量		第一段年利率	第一段	第二段	第三段	一段式利率	總利息(元)	本金餘額 ▼	償還本金 ▼	利息 ▼
19	0	9,997,700			34,225	35,585	0	1.70%	2,777,921	9,997,700		
20	1	-34,225		1.00%	32,164	35,447	0	1.64%	2,682,163	9,977,638	20,062	14,162
21	2	-34,225		1.20%	33,091	35,510	0	1.67%	2,725,706	9,957,547	20,091	14,134
22	3	-34,225		1.40%	34,034	35,573	0	1.69%	2,769,222	9,937,427	20,119	14,106

	A	B	I	K	L
370	351	-35,585		318,007	35,085	500
371	352	-35,585		282,873	35,134	450
372	353	-35,585		247,689	35,184	401
373	354	-35,585		212,455	35,234	351
374	355	-35,585		177,171	35,284	301
375	356	-35,585		141,837	35,334	251
376	357	-35,585		106,453	35,384	201
377	358	-35,585		71,019	35,434	151
378	359	-35,585		35,535	35,484	101
379	360	-35,585		0	35,535	50
380						

評估壽險所需保額
用低廉保費獲健全保障

(4-6)

理財專家都很強調保險規畫的重要性，對於薪水有限的上班族來說，存錢已經很辛苦了，真有必要每年多花一筆錢買保險嗎？

其實，正因為薪水有限，我們才需要保險的支援，而且真正具備保障功能的保險，保費並不算貴。一定要記得，規畫保險的原則是「以低廉的保費，獲得足夠的保障」，可以從 2 個角度思考：

思考1》你需要為家庭負責嗎？

身為家中經濟主要來源者，只要有未成年小孩或者年邁父母需要你照顧，就需要投保「壽險」。壽險提供的保障，是彌補遺屬失去經濟來源的風險；當被保險人身故，受益人（可自行指定，如配偶、父母、子女等）即可獲得保險金理賠。

另外，若夫妻兩人共同購屋，而其中一人突然離世，卻尚餘數百萬元房貸，

另一半就得一肩扛下所有還款責任。而當雙方都有投保壽險，保險理賠金就能作為給對方的保障。

所以，壽險保障需求只有一段期間而已，並非終身都有需求，只要投保 20 年或 30 年的定期壽險，直到小孩成年、父母辭世、繳完房貸為止。

思考2》若自己發生事故需要大筆醫療費，你有能力負擔嗎？

罹患重病、嚴重意外事故的發生機率似乎不高，只要沒有發生，大家都認為不會發生在自己身上；而且台灣人民享有健保福利，總覺得人一生中不太需要太多醫療費。

然而天有不測風雲，一旦發生，超出健保給付範圍的醫療費、手術費等支出，有可能不是一般家庭能負擔得起。如果擔心這方面的問題，可以投保醫療險或失能險，將可能產生的財務風險，轉嫁給保險公司。

釐清保障需求，再搭配適當保險

規畫保險時，首先要確定保障需求。若站在「遺屬需求」的角度，家中經濟來源者可計算遺屬每年需要多少生活費？共需要幾年？加起來就是家庭所需要的壽險保額。可根據以下步驟試算：

表1 列出自己的保障需求，方便估算所需金額
——以每年需負擔20萬房貸、預估小孩從3～22歲養育費為例

保障需求		每年需求金額
小孩養育費	3～12歲	20萬元
	13～15歲	23萬元
	16～18歲	26萬元
	19～22歲	35萬元
房貸還款需求	未來20年	每年需還款20萬元

步驟1》列出保障需求金額

假設陳先生是家中主要經濟來源，目前 33 歲，已婚且育有一個 3 歲小孩。他擔心自己若是驟然離世，太太無法靠一己之力清償所有房貸、扶養孩子成年；因此他希望壽險保額所提供的保障，可持續至房貸清償以及到孩子 22 歲為止。

其中陳先生需負擔每年約 20 萬元的房貸還款金額，再以目前物價估算孩子從 3 歲到 22 歲期間每一年所需費用（詳見表 1）。

步驟2》從小孩養育費及房貸推估壽險保額

由於房貸是每年約固定支出 20 萬元，沒有通膨的問題，因此未來 20 年共需要 400 萬元。但小孩的養育費則會隨著通膨而改變，因此養育費的部分，需要評估經過通膨影響後的金額，再以一個保守的投資報酬率換算現值，才能

圖1 將小孩各階段養育費填入Excel，計算保險需求
──「根據小孩養育費計算壽險保額」之保險需求試算表

保險需求表

小孩年齡	每年需求金額	小孩年齡區間
3	200,000	3~12歲
13	230,000	13~15歲
16	260,000	16~18歲
19	350,000	19~22歲
23		

知道現在該準備多少錢。

「怪老子理財」網站提供了一個「根據小孩養育費計算壽險保額」試算表，只要將每年需求金額填入表中（詳見圖1），並且預估通膨率2%、投資報酬率4%，即可知道現在需要準備約398萬元（詳見實戰操作）。也就是說，假設遺屬領到398萬元保險金，投入在每年投資報酬率4%的投資組合，即使物價每年以2%增長，這筆保險金也足以支付未來每年的小孩養育費需求。

如此一來即可推算出，小孩養育費以及房貸，各需要400萬元壽險保額，

加起來共為 800 萬元。

步驟3》投保足夠保額的定期壽險

保險公司通常會提供「終身壽險」和「定期壽險」兩種選擇。「終身壽險」是保障終身，不管幾歲身故，遺屬都能領到保險理賠金，保費也特別昂貴。但我剛剛提過，壽險只需要保到家庭責任結束為止，因此以陳先生的狀況來說，只需要投保 20 年期的定期壽險，保額 800 萬元，即可讓妻小在 20 年期間獲得足夠保障。就算想要增加給家人的保障，也不宜過多，否則只會讓保費排擠到其他生活費開銷，反而犧牲陳先生一家目前的生活品質。

實際查詢保險公司的壽險保費金額，33 歲男性，投保 20 年期、保額 800 萬元的某家人壽公司定期壽險，每年保費僅需要 3 萬 2,000 元。若 30 歲的陳太太也希望為另一半提供保障，以 30 歲女性試算相同條件的壽險保額，每年保費更為低廉，僅需要 1 萬 2,000 元。

再查詢另一家人壽公司的終身壽險。同樣 33 歲男性，分為 20 年繳費，若只想繳 1 年 3 萬 2,000 元左右的保費，可以投保到多少保額呢？答案是 95 萬元左右。

你沒看錯，同樣是 20 年每年繳 3 萬多元，定期壽險能提供「20 年期間、

共 800 萬元」保障，終身壽險則提供「終身、共 95 萬元」保障；何者是「以低廉的保費，獲得足夠的保障」，想必已經非常清楚了。如果陳先生也想要有 800 萬元保額的終身壽險，年繳保費則高達 26 萬 8,800 元，陳太太的保費也需要 22 萬 1,600 元，已不是普通上班族能夠負擔。

步驟4》若有更高預算，不妨利用投資累積資產

若真有能力拿出 1 年 20 多萬元，還不如將投保定期壽險之外的資金，放在投資組合當中，另行累積一筆資金。例如，陳先生除了支付每年 3 萬 2,000 元的定期壽險保費之外，每年另行投入 23 萬元在年報酬率 4% 的投資組合，10 年後可以累積到 287 萬元左右，20 年後則可累積至 712 萬元左右。這樣一來，直到陳先生 53 歲前，都能提供給家人 800 萬元的壽險保障；若 53 歲之後仍健在，還能額外累積到 712 萬元資產，到時候這筆資產可作為退休準備金，可說是兩全其美。

所有險種幾乎都有「還本型」與「不還本型」之分，就是鎖定多數人「保費一去不回」的擔憂。因為大家擔心每年支付的保費，如果一直沒用到就虧大了，所以大多喜歡投保「還本型」（解約時可領回已繳保費）的險種，而這也造成多數人保障不足的問題。

根據財團法人保險事業發展中心（簡稱「保發中心」）的統計，自 2002 ～

表2 壽險、醫療險為必備保單
—— 保險主要類型及投保重點

保險類型		理賠條件
壽險		身故時
醫療險	住院醫療日額	受傷或生病需要住院，根據住院天數，每日定額理賠病房費。例保額2,000元，住院7天則獲1萬4,000元理賠金
	醫療實支實付	受傷或生病需要接受醫療，在限額內理賠實際支出的病房費、手費、醫療雜費等
重大傷病險／癌症險		罹患保單所約定的重大傷病／癌症時，一次給付保險金或理賠相醫療費用
失能險		因生病或意外受傷失去部分或全部正常生理機能時，按失能等級得不同程度的單筆理賠、每月生活扶助金
意外險（傷害險）	死殘	只限因「意外」導致的身故或失能（死殘），理賠單筆保險金。職業內容的危險程度分為不同等級，第一職等代表最安全，保費最低
	意外醫療日額	因「意外受傷」需要住院，按住院天數理賠
	意外醫療實支實付	因「意外受傷」需要接受醫療，主要按實際醫療支出限額理賠，如實際支出8萬元，但保額僅有5萬元，則僅能獲賠5萬元

註：本張表格僅為大略歸納，各保單約定條款不同，需依簽約時的合約條款為準

2018 年，每人的人身保險平均保費幾乎年年增加，2002 年平均值為 3 萬 9,487 元，2018 年已成長到 14 萬 8,865 元。

再看另一項統計，國人的人壽保險平均保額，2018 年竟然僅有 65 萬元，且多年來大概都在 50 萬～ 65 萬元之間；大家花這麼多錢買保險，壽險保額

理賠對象	投保重點
受益人	不還本的定期壽險方能獲得較高保障
自己	視個人需求投保適當保額
自己	可選雜費理賠較高的保單。若同時投保2家保險公司，需留意第2家是否接受「醫療單據副本理賠」
自己	保費較為昂貴，若有相關家族病史，且個人財務狀況許可，可考慮投保
1.部分失能：自己獲理賠 2.完全失能且無行為能力：以法定代理人為受益人並獲得理賠	分為「還本型」及「不還本型」，可視個人財務能力決定是否投保
1.身故：受益人獲理賠 2.部分失能：自己獲理賠 3.完全失能且無行為能力：以法定代理人為受益人並獲得理賠	意外險雖然保費低廉，但有家庭責任者，若已有足夠額的壽險，其實不需再投保這類保險。年輕單身者若無壽險需求，可優先投保醫療險及意外險
自己	若已有住院醫療日額保險，則不一定需要此項保障
自己	多以附約形式存在，可視個人需求，與壽險主約搭配

未見明顯增長，可見大家購買的保險，多以還本、有儲蓄功能的險種為主，才會出現這種「以高昂的保費，獲得較低保障」的怪象。

如果能夠正視家庭實際需要的保障，那麼建構在足夠壽險保障的基礎上，大家可再根據自身需求，趁身體健康時，投保住院醫療險、實支實付醫療險等；

有家族遺傳疾病者，亦可考慮重大疾病險及失能險，轉嫁醫療費的風險（詳見表2）。

「不還本」的醫療險種才有低保費、高保障

千萬記得，這類醫療相關的保險，需以「不還本」的險種來規畫，只要是需要還本的險種，同樣都有保障太低、保費太貴等問題。別等到真正需要高保障的時候，才後悔買錯保單。

至於「意外險」（又稱「傷害險」）是否有需要呢？畢竟意外險的保障範圍只限「因意外事故導致的身故或失能」，以及相關的醫療理賠，因此若已有足夠的壽險及醫療保障，就不太需要投保意外險了。就算真的想針對意外事故規畫這個險種，也必須先將壽險及醫療險備齊，最後再考慮是否需要加保。

其實保險最重要的意義，只是為了轉移我們無法承擔的財務風險。想要做出理想的選擇，就要認清你所購買的保險究竟提供了哪些保障？不要只聽從業務員的片面之詞，自己也需要多做功課。只有搞清楚自己與家庭需要哪些保障，才能買對適合的保險。一般人在購買電器時，都會貨比三家，比較不同商品的性能，是否符合自己的需求，更何況是攸關家庭重大權益的保險，怎能不認真考量？

實戰操作 計算可滿足小孩養育費的壽險保額

可從「怪老子理財」網站（www.masterhsiao.com.tw）左側的「下載書籍之EXCEL檔案」，點選「怪老子的簡單理財課」，下載「根據小孩養育費計算壽險保額」試算表。黃色儲存格可自行修改試算條件。

STEP 1

確認「通貨膨脹率」、「投資報酬率」是否需調整

此表中，❶「通貨膨脹率」（B1）預設為2%，❷「投資報酬率」（B2）預設為4%，可自行修改，但不宜過高，若無法達到預設的投資報酬率，則會低估所需要的壽險保額。保守者若只想放在定存，可填寫1%～1.5%，但算出的保額也會高出許多。

	A	B	C	D	E
1	通貨膨脹率	❶ 2.0%			
2	投資報酬率	❷ 4.0%			
3	壽險保額				
4			投資報酬率預設為「4%」，意思是遺屬若獲得		
5	保險金額表		保險金，可投入年報酬率 4% 的投資組合		
6	年度	小孩年齡	需求金額	現值	
7	0	3	200,000	200,000	
8	1	4	204,000	196,154	
9	2	5	208,080	192,382	
10	3	6	212,242	188,682	
11	4	7	216,486	185,054	
12	5	8	220,816	181,495	
13	6	9	225,232	178,005	
14	7	10	229,737	174,581	
15	8	11	234,332	171,224	
16	9	12	239,019	167,931	
17	10	13	280,369	189,407	
18	11	14	285,976	185,765	

▼ 接續下頁

STEP 2　填入小孩的養育費，即可自動算出所需壽險保障

接著，在右方「保險需求表」，根據❶「小孩年齡」填入每年需要的養育費用。完成後，❷「壽險保額」（B3）就會自動算出小孩養育費所需要的壽險保障金額。

> 根據小孩養育費需求，算出的壽險保額為 398 萬元。代表遺屬將保險金放在投資報酬率 4% 的投資組合，物價每年以 2% 增長，保險金足以支應小孩養育費

	A	B	C	D	E	F	G	H
1	通貨膨脹率	2.0%						
2	投資報酬率	4.0%						
3	壽險保額	3,984,175 ❷						
4								

> 第 1 格填入小孩目前年齡。若小孩在 13 歲之後，需要不同的年度養育費，則在第 2 格填入 13，依此類推

	保險金額表					保險需求表		
6	年度	小孩年齡	需求金額	現值		小孩年齡	每年需求金額	小孩年齡區間
7	0	3	200,000	200,000		❶ 3	200,000	3~12歲
8	1	4	204,000	196,154		13	230,000	13~15歲
9	2	5	208,080	192,382		16	260,000	16~18歲
10	3	6	212,242	188,682		19	350,000	19~22歲
11	4	7	216,486	185,054		23		
12	5	8	220,816	181,495				
13	6	9	225,232	178,005				
14	7	10	229,737	174,581				
15	8	11	234,332	171,224				
16	9	12	239,019	167,931				
17	10	13	280,369	189,407				
18	11	14	285,976	185,765				

> 最後一格填入小孩不需要保障時的年齡，例如成年或大學畢業時

> 分別填入小孩分別到幾歲前，每年需要多少養育費

23	16	19	480,475	256,530
24	17	20	490,084	251,596
25	18	21	499,886	246,758
26	19	22	509,884	242,013

安享老後人生

搞懂退休金3大來源及早補足缺口

你是否有認真想過，準備在幾歲時離開職場，進入退休生活？根據內政部統計，2017 年台灣人民的平均壽命已提高到 80.38 歲，其中男性 77.3 歲、女性 83.7 歲，創下歷年新高（詳見圖 1）。而勞動部統計台灣人在 2012 ～ 2017 年，實際退出勞動市場的平均年齡，男性為 63.5 歲，女性則為 61.4 歲。

假設在 61 歲退休，活到 80 歲，退休時至少要有一筆退休金，用來應付未來 15 ～ 20 年的生活費；若是有幸活得更長，需要準備的退休金也就需要愈多。退休生活費從哪裡來？以勞工而言，退休金來源可分為 3 筆：

1. 勞保的老年年金給付》由國家提供
→勞保基金面臨破產危機，勞工實領金額恐不如預期

勞工都會參加「勞工保險」，投保達 15 年以上，退休後即可每月領取老年年金給付到終老，這也是勞工退休後的第 1 層保障。因此只要是在 1962 年

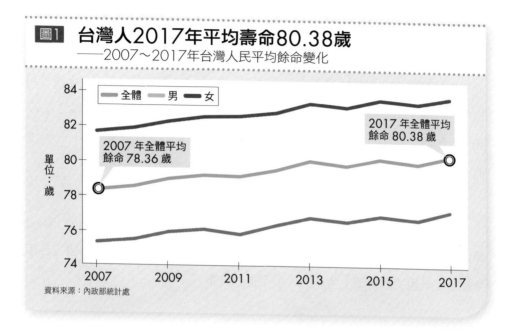

圖1　**台灣人2017年平均壽命80.38歲**
──2007～2017年台灣人民平均餘命變化

2007 年全體平均餘命 78.36 歲

2017 年全體平均餘命 80.38 歲

全體　男　女

單位：歲

84
82
80
78
76
74

2007　2009　2011　2013　2015　2017

資料來源：內政部統計處

以後出生，法定的請領年齡即為 65 歲，最多只能提早 5 年請領，但是請領的金額每提早一年則減少 4%；例如想提早到 60 歲請領，領到的金額就會減少 20%。

　　勞保老年年金給付金額的多寡，是根據「投保年資」及「最高 60 個月平均投保薪資」計算；勞動部勞工保險局網站有提供試算網頁，大家可自行上網試算（詳見實戰操作）。以 1989 年出生（現年 30 歲）、預計 65 歲退休、投保 30 年、最高 60 個月平均投保薪資 4 萬 5,800 元等條件試算，65 歲退休

後可月領 2 萬 1,297 元的勞保老年年金給付。

　　或許現在覺得能夠年領 2 萬多元很不錯，不過別忘了，那可是 35 年後才可以領到的錢！物價會上漲，如果以通膨率每年 2% 計算，35 年後的 2 萬 1,297 元，大約等於現在的 1 萬 649 元（Excel 公式：「=21297/(1+0.02)^35」）而已。而 45 年後的 2 萬 1,297 元，也只等於現在的 8,736 元。

　　更可怕的是，近年勞保的投保人數增加，投保薪資提高，根據勞保局 2018 年的精算報告，如果繼續以現行制度給付老年年金，勞保基金預估於 2026 年全數花光，也就是新聞上常說的「勞保基金破產」。

　　若要避免這種情況發生，政府除了得額外挹注資金，也勢必要進行年金改革；講白一點，如果不想勞保基金破產，勞工未來只會面臨「繳的保費更多、領的錢更少」的狀況。

2. 勞退新制的勞工退休金》由雇主提撥
→公司幫你額外提撥月薪6%，存在勞工個人專戶

　　勞工可獲得的第 2 層退休金保障，來自於雇主所提撥的「勞工退休金」。根據勞退新制的規定，公司必須按員工的薪資，每月額外提撥 6% 金額，到員工

表1 勞退專戶不會破產，但需年滿60歲才能請領
——勞保年金與勞退新制請領條件

項目	勞保的老年年金給付	勞退新制的勞工退休金
資金來源	勞工按每月薪資及勞保費率繳交保費。雇主負擔70%，政府20%，勞工10%	勞退新制上路後（詳見註1），雇主每月額外提撥6%勞工薪資，到每位勞工的勞退個人專戶（勞工個人亦可自行額外提撥，最高自提6%）
*勞工請領條件	年滿65歲，保險年資合計滿15年，並辦理離職退保者（適用於1962年之後出生者）	年滿60歲，工作年資滿15年以上，可選擇請領月退休金或1次退休金；未滿15年者只能請領1次退休金
請領金額計算方式	下列兩者擇優每月發給： 1.平均月投保薪資 × 年資 ×0.775%＋3,000元 2.平均月投保薪資×年資×1.55%（每延後1年領，可增領4%，最多延5年；每提前1年領則少領4%，最多提前5年）	（每月薪資×6%×提繳年數）＋勞退基金的投資收益

註：1. 勞退新制於 2015.07.01 上路；2.* 於 2009.01.01 之後才開始加入勞保者，僅能選擇每月領取的老年年金給付；在此之前有勞保年資者，可選擇一次請領老年給付；若達退休年齡但勞保年資未達 15 年，則是領取「老年一次金」給付
資料來源：勞動部勞工保險局

的「勞工退休金專戶」。

　　勞工想要領取退休金專戶的錢，也必須等到 60 歲才能請領。好處是這筆錢是專屬於勞工本人的，只要公司有確實幫你提撥，到了 60 歲後一定能夠領回，不會有破產問題（詳見表 1）。而勞工也可以選擇自行提撥薪資到自己的勞工退休金專戶，簡稱「勞退自提」，最高可提撥薪資的 6%（詳見 5-2）。

因此，大概估算一下自己的薪資與工作年數，就能估計自己的勞退帳戶裡有多少錢。若想明確知道目前已經累積的金額，可以親自到勞保局、各地辦事處，或透過自然人憑證上網查詢；也可以向郵局申辦「勞保局資料查詢服務」，持郵政金融卡到 ATM 查詢（或向土地銀行、玉山銀行、台新銀行、台北富邦銀行、第一銀行申辦勞動保障卡，亦可透過該銀行 ATM 查到）。

3. 退休準備金》自己準備
→ 預估退休後所需生活費，可透過投資提早累積

如果估算之後發現，勞保老年年金和勞工退休金無法支應退休生活，那麼不夠的部分，自然得靠自己準備了。最好的方式就是平時定期定額投入在適當的投資組合，慢慢把退休金累積起來。

如果你現在未滿 30 歲，那麼距離退休的時間還有 30 年以上。或許你會認為那是很久以後的事，甚至認為以目前的薪資收入，無法撥出太多錢作為退休準備金。不過，若你現在已有準備退休金的意識，不妨提早開始規畫，準備過程就會更為輕鬆。

如果你已經 40 歲以上，能夠準備退休金的時間大約還有 15～20 年，其實也相當足夠。此時的你，薪資收入想必已經比 20 多歲時高出許多，只要稍

微提高投資本金，仍有機會在退休時，累積到理想的退休準備金。

而退休前與退休後，需要掌握不同的投資重點：

◎**退休前**：重點在盡快滾大退休準備金，因此需要有較高的「報酬率」（例如每年平均 8% 以上），並且利用「獲利再投入」（複利），讓資產的翻倍年數縮短。

以投資債券型基金為例，可盡量選擇「累積型」，累積型的基金會自動將債券配息滾入淨值當中，長期持有自然能夠達到複利效果。然而，若買到的是「配息型」基金，或者你買的是股票，一定要將配息或獲利再拿去投資，才能讓資產累積速度加快。

◎**退休後**：正式退休之後，代表不再有薪資收入，此時就得依靠先前為自己準備的退休金來過活。

許多退休族為了保本，會將退休金全數放在銀行定存當中，不過銀行定存的低利率無法抗通膨，要是準備的退休金不足，還會擔心坐吃山空。因此，建議退休族仍可將部分資金放在相對穩健的投資組合（例如配息型的債券型基金），讓退休金持續增值、生息；而退休之後，每年只會用到退休金所產生的獲利或

利息，成為一筆「花不完的退休金」（詳見 5-3）。

　　以我個人為例，我是將 3 年的家庭支出放在銀行定存，其餘資金仍然放在投資部位，只是改成平均報酬率較低、波動較小的穩健投資組合。

　　當你做好準備，就再也不用擔憂勞保基金破產，也不必煩惱勞退專戶裡累積的錢不夠用，靠自己的力量提前規畫，你一定有能力為自己創造不愁吃穿的退休生活。

實戰操作 **試算勞保老年年金給付**

欲試算自己的勞保老年年金給付，可善用勞動部勞工保險局網站（www.bli.gov.tw），填寫試算條件，即可估算未來每月可領取的勞保老年年金有多少。操作如下：

STEP 1
填入民國出生年度、預計領取退休金年齡等

進入勞動部勞工保險局網站試算頁面（www.bli.gov.tw/0100398.html）後，陸續填入欲查詢者的❶「出生年度」（此以民國78年為例），以及預計領取退休金年齡及月份，與最高60個月之平均投保薪資（詳見註）、填寫參加保險年資的年月，點選❷「試算」。

註：「投保薪資」可另行上網查詢「勞工保險投保薪資分級表」，以 2019 年投保薪資等級而言，共分為 16 級，當月薪資若在 2 萬 3,100 元以下則為第 1 級，月投保薪資為 2 萬 3,100 元；高於 2 萬 3,100 元到 2 萬 4,000 元，則為第 2 級的月投保薪資 2 萬 4,000 元，依此類推。而只要薪資達到 4 萬 3,901 元以上，一律適用第 16 級最高月投保薪資 4 萬 5,800 元

接續下頁

輕鬆算出未來每月可領取的勞保老年年金有多少

即可算出2個結果，並以❶較高的金額為準。

試算結果

可請領老年年金給付(以下兩式擇優發給，請參考)：

第一式計算金額(元)：

13649

第二式計算金額(元)：　　　　　　❶

21297

※第一式：（保險年資x平均月投保薪資x0.775%+3000元）x（1+增給比例或1-減給比例）。

※第二式：（保險年資x平均月投保薪資x1.55%）x（1+增給比例或1-減給比例）。

評估自身投資績效
決定是否參與勞退自提

　　勞退新制的個人退休金專戶，主要是由雇主額外為員工提繳的退休金，金額為勞工月薪所屬等級的 6%（詳見註 1），只要你是從《勞工退休金條例》上路的 2005 年 7 月 1 日後才就職，一律適用勞退新制。

　　其實勞工也能夠自願提繳薪資到退休金專戶（簡稱「勞退自提」），提繳比率最高 6%。不過參加勞退自提的勞工並不算多，一直以來勞退自提人數占總提繳人數僅約 5.7%～6.3% 之間，直到 2018 年才明顯提高到 7.67%（2018 年總提繳人數約 677 萬 7,900 人，其中勞退自提者約 52 萬人）。

　　薪水若提撥到個人退休金專戶，需等到 60 歲退休才能領取，且薪水被扣掉退休金後，每月實際能動用的錢就更少了。然而提撥的部分能夠免稅，好像也

註 1：查詢最新「勞工退休金月提繳工資分級表」
可至勞動部勞工保險局網站（www.bli.gov.tw），點入「業務專區」項下的「勞工退休金」→「法令規章」，即可看到「勞工退休金月提繳工資分級表」項目。

滿吸引人的，但要怎麼評估是否要參加勞退自提？

勞退自提可免稅，高薪者提撥愈有利

存進個人退休金專戶裡的錢簡稱為「勞退基金」，是由勞動部「勞動基金運用局」代為操作，而其中有一部分是委託基金公司代操。所以勞工退休時的帳戶餘額，除了存入的本金之外，還包括勞退基金的投資收益，保證收益率不低於銀行 2 年期定存年利率，如有不足則由國庫補足。

查看勞動基金的運用方式，也是分別放置在銀行存款、短期票券、公債、公司債、股票以及股票型、債券型基金等。根據勞動基金運用局公告的資料，自新制勞工退休基金成立以來至 2018 年底，平均收益率約為 2.8%；雖然高於當前的保證收益率（2018 年為 1.0541%），然而很多人認為這樣的報酬率太低，不如自己投資比較安穩。

由於勞工自提退休金享有免個人綜合所得稅的優勢，若要自行運用這筆金額來投資，就得扣掉所得稅才是能實際運用的金額。

例如 David 預估在 20 年後退休，目前月薪 10 萬元，所屬等級的投保金額為 10 萬 1,100 元，若每月自行提撥 6% 則為 6,066 元，相當於 David 每年

應投入 7 萬 2,792 元（＝6,066 元×12 個月）到個人退休金專戶。

由於 David 的個人綜合所得稅率為 12%，若他預計運用 7 萬 2,792 元薪水自行投資，必須扣掉需繳稅的部分，因此完稅後能實際運用的投資金額只剩 6 萬 4,057 元。打算自行投資的 David，所創造的投資報酬率勢必要比勞退基金的收益率還要高，至於要高出多少才划算？就得經過試算，可參考以下步驟：

步驟1》估算每月勞退自提至退休時可領金額

假設直到退休為止，David 每年勞退自提金額皆為 7 萬 2,792 元，以勞退基金歷年平均收益率 2.8% 預估，20 年後約可累積到 191 萬 6,639 元，其用 Excel 公式計算方式如下：

Excel 公式》退休時預估勞退金額
＝FV（勞退收益率, 至退休年數, - 每年自提金額）
＝FV(2.8%,20,-72792)
＝191 萬 6,639 元

步驟2》估算需多少投資報酬率，才能追上勞退自提績效

David 若採取勞退自提，退休時預估可累積到 191 萬 6,639 元；若打算自行投資，以每年扣掉所得稅後的金額 6 萬 4,057 元（＝每年自提金額 7 萬

2,792 元 ×（ 1 －所得稅率 12%）），以及距離退休年數 20 年試算，年投資報酬率得要達到 4% 才能做到。

> **Excel 公式》自行投資最低報酬率**
> **= RATE（至退休年數 , -可投資金額 , 0, 勞退金額）**
> = RATE(20, -64057, 0, 1916639)
> = 4%

上述計算可直接用 Excel 試算表來完成（詳見圖 1），只要根據自己的情況更改參數，就能夠立刻算出自行投資最低需要多少投資報酬率（詳見實戰操作）。

其實，對於薪資收入偏低、綜所稅率低、距離退休時間較長的勞工，投資績效能超越勞退自提效益的機會較大。若以月薪等級 2 萬 5,200 元、綜所稅率 5%、距離退休年數 35 年、勞退基金平均收益率 2.8% 計算，只要個人投資報酬率達 3.1%，就能達到勞退基金幫你累積的金額。

但對於薪資收入愈多，適用綜所稅率級距愈高、距離退休時間愈近者，參加勞退自提是相對有優勢的。例如月薪 15 萬元、稅率 20%，預估 10 年後退休，那麼自行投資報酬率最低要有 7.6% 才行。若預估 5 年後退休，自行投資報酬

圖1 試算自行投資需多少報酬率，才達勞退自提收益
——自行投資最低報酬率試算

	A	B
1	月薪等級(元)	101,100
2	提繳比率	6.0%
3	每年自提金額(元)	72,792
4	個人綜合所得稅率	12%
5	扣稅後自行投資金額(元)	64,057
6	新制勞退基金收益率	2.80%
7	距離退休年數(年)	20
8	退休時預估勞退金額(元)	1,916,639
9	自行投資最低報酬率	4.0%

欲達到勞退自提收益率標準，投資報酬率至少 4%

註：此範例是假設每年勞退自提金額為 7 萬 2,792 元，而每年扣掉所得稅後的自行投資金額 6 萬 4,057 元、勞退基金歷年平均收益率 2.8% 預估、20 年後約可累積到 191 萬 6,639 元

率最低要有 14%。

要注意的是，現行規定勞工退休金的月提繳薪資最高等級為 15 萬元，只要月薪在 14 萬 7,901 元以上，最高只能提繳 9,000 元。因此，愈年輕、綜所稅率為 5% 的勞工，或許可以先嘗試自行投資；只要投資組合安排得宜，年投資報酬率要高於 3.1%，甚至到達 5% 以上應該不難。

若未來薪資或薪資外的收入愈來愈高，使綜所稅率級距達到 20%、30%、

40%，則可考慮參與勞退自提，以享有部分薪資免稅的優勢。

　　然而，若是只願意把錢放在銀行定存的勞工，即便不用繳所得稅，不論薪資多少、多久退休，最好都能參與勞退自提。

實戰操作 **計算用自行投資取代勞退自提所需最低報酬率**

可從「怪老子理財」網站（www.masterhsiao.com.tw）左側選項的「下載書籍之 EXCEL檔案」，點選「怪老子的簡單理財課」，下載「自行投資取代勞退自提的最低報酬率」試算表，於黃色儲存格填入試算條件，步驟如下：

STEP 1 填入各項試算條件

分別填入❶「月薪等級（元）」（B1）、❷「提繳比率」（B2）、❸「個人綜合所得稅率（元）」（B4）、❹「新制勞退基金收益率」（B6）與❺「距離退休年數（年）」（B7）等內容。

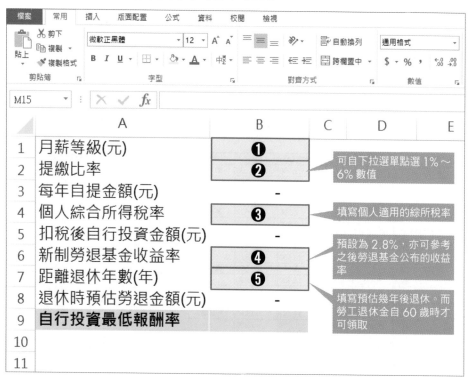

接續下頁

STEP 2 可切換至「勞工退休金月提繳工資分級表」確認月薪等級

若不清楚自己目前月薪適用的等級，可切換至此份試算表檔案中的第2張工作表——❶「勞工退休金月提繳工資分級表」（截取自2019.01.01生效之數據）。例如你的薪資為4萬5,801元至4萬8,200元之間，所適用的月薪等級（月提繳工資）即為❷4萬8,200元；若自行提繳6%，所提繳金額則為2,892元。

級距	級	實際工資	月提繳工資	6%
第7組	35	45,801至48,200	48,200	2,892

❷

	A	B	C	D	E	F	G	H	I	J
3	中華民國107年11月2日勞動部勞動福3字第1070136066號令修正發布，自108年1月1日生效									
4	備註：本表內容有可能調整，可前往勞動部勞工保險網站確認最新資料					請點我				
5										
6	級距	級	實際工資	月提繳工資	6%	級距	級	實際工資	月提繳工資	6%
7	第1組	1	1,500以下	1,500	90	第7組	35	45,801至48,200	48,200	2,892
8		2	1,501至3,000	3,000	180		36	48,201至50,600	50,600	3,036
		3	,01至	,500	270		37	5,501至 7,80	3,000	3,180
11			6,0	,00				55, 至57,80		
12	第2組	6	7,501至8,700	8,700	522	第8組	40	57,801至60,800	60,800	3,648
13		7	8,701至9,900	9,900	594		41	60,801至63,800	63,800	3,828
14		8	9,901至11,100	11,100	666		42	63,801至66,800	66,800	4,008
15		9	11,101至12,540	12,540	752		43	66,801至69,800	69,800	4,188
16		10	12,541至13,500	13,500	810		44	69,801至72,800	72,800	4,368
17	第3組	11	13,501至15,840	15,840	950	第9組	45	72,801至76,500	76,500	4,590
18		12	15,841至16,500	16,500	990		46	76,501至80,200	80,200	4,812
19		13	16,501至17,280	17,280	1,037		47	80,201至83,900	83,900	5,034
20		14	17,281至17,880	17,880	1,073		48	83,901至87,600	87,600	5,256
21		15	17,881至19,047	19,047	1,143	第10組	49	87,601至92,100	92,100	5,526
22		16	19,048至20,008	20,008	1,200		50	92,101至96,600	96,600	5,796
23		17	20,009至21,009	21,009	1,261		51	96,601至101,100	101,100	6,066
24		18	21,010至22,000	22,000	1,320		52	101,101至105,600	105,600	6,336
25		19	22,00❶至23,100	23,100	1,386		53	105,601至110,100	110,100	6,606

勞行投資試算表　勞工退休金月提繳工資分級表

輕鬆算出自行投資最低報酬率

於STEP1填寫完成試算條件後，Excel表就會自動算出❶「每年自提金額（元）」（B3）、❷「扣稅後自行投資金額（元）」（B5）等數據，以及以「扣稅後自行投資金額（元）」投資，退休前至少要達到的報酬率，才不會輸給勞退基金績效的❸「自行投資最低報酬率」（B9）。

	A	B	C	D	E	個人綜合所得稅率				
						5%	12%	20%	30%	40%
1	月薪等級(元)	101,100		距	5	5.4%	9.2%	14.0%	20.8%	28.7%
2	提繳比率	6.0%		離	10	3.9%	5.6%	7.6%	10.4%	13.6%
3	每年自提金額(元) ❶	72,792		退	15	3.5%	4.5%	5.8%	7.5%	9.5%
4	個人綜合所得稅率	12%		休	20	3.3%	4.0%	5.0%	6.2%	7.6%
5	扣稅後自行投資金額(元) ❷	64,057		年	25	3.2%	3.8%	4.5%	5.4%	6.5%
6	新制勞退基金收益率	2.80%		數	30	3.1%	3.6%	4.2%	4.9%	5.8%
7	距離退休年數(年)	20			35	3.1%	3.5%	3.9%	4.6%	5.3%
8	退休時預估勞退金額(元)	1,916,639								
9	自行投資最低報酬率 ❸	4.0%								
10										
11										

假設每年皆維持所填條件，所預估的個人勞工退休金累積金額

在不同稅率及退休年數狀況下的「自行投資最低報酬率」

精算每月投入本金 創造花不完的退休金

5-3

　　想要靠自己的力量準備退休金，首先就要估算退休金的金額。最常聽到的算法是「1 年生活費 × 退休後生存年數＝所需準備的退休金額」。也就是以目前物價估算 1 年需要 50 萬元生活費，預估 65 歲退休後再活 25 年，因此共需要 1,250 萬元退休金。不過，這樣的估算方式可靠嗎？且若是 65 歲前就被迫提前退休，再加上通膨使物價提高，現在的 50 萬元，在 30 多年後可能只剩下一半的購買力，那退休後恐怕會面臨錢不夠花的窘境。

　　其實，準備退休金最好的方法，就是利用一個投資組合，累積成一筆「花不完的退休金」；只要這筆退休金每年所產生的報酬，比每年所需要的生活費還要多，這樣退休金不但不會花完，而且還會愈來愈多。

步驟 1》以退休時物價，估算每年生活費需求金額

　　那麼要怎麼估算退休金需求金額？因為現在距離退休還有一段時間，物價會

隨著通貨膨脹而提高，因此我們除了要以目前物價決定每年生活費，還要估計退休那年的物價水準，才能正確預估退休時真正需要的每年費用是多少。計算方法為：

通膨調整後每年費用＝退休後每年需求費用現值×（1＋通貨膨脹率）^年數

例如今年 30 歲的 Lisa，目前已準備 20 萬元作為未來退休金的一部分。她的目標是在 55 歲提早退休，以現在的物價估算，希望退休後每年能有 50 萬元生活費。

由於距離預估退休年齡還有 25 年，假設通貨膨脹率平均每年 2%，以 25 年後的物價估算，Lisa 退休後每年的費用需求金額應為 82 萬 303 元（Excel 公式：「=500000*(1+2%)^25」）。

步驟 2》計算「花不完的退休金」具體數字

接下來再以退休後每年需求金額，以及退休後的投資組合年報酬率，算出「花不完的退休金」需要多少錢（詳見表 1），計算公式為：

花不完的退休金＝通膨調整後每年費用／（退休後年報酬率－通貨膨脹率）

　　lisa 在 55 歲退休時，估算未來每年生活費需求金額為 82 萬 302 元，以退休後的年投資報酬率 8% 估算，「花不完的退休金」金額即為 1,367 萬 1,700 元（Excel 公式：「=820302/（8%-2%）」）。

　　只要有這筆投資本金，並於退休後投入於年報酬率 8% 的投資組合，那麼每年產生的報酬，就足以供應 lisa 每年需要的生活費（與目前 50 萬元等值），也不會有花完的一天。

步驟 3》估算每月需投入的退休準備金

　　雖然算出來的退休金需求金額看起來相當龐大，但是我們可以提早準備，分攤準備的時間愈長，每月要投入的錢就愈少。

　　計算的方式也很簡單，只需要以下幾個數字，再輸入 Excel 就能計算出來（詳見實戰操作）。以 lisa 的需求為例：

◎退休金需求：1,367 萬 1,700 元

◎準備年數：25 年

◎目前已有退休準備金：20 萬元

◎退休前投資報酬率：10%

表1 投資報酬率愈低，所需投資本金就愈多
——假設通膨率2%，所需準備的退休金額

每年需求金額／投資報酬率	3%	4%	5%	6%	8%	10%
30萬	3,000	1,500	1,000	750	500	375
40萬	4,000	2,000	1,333	1,000	667	500
50萬	5,000	2,500	1,667	1,250	833	625
60萬	6,000	3,000	2,000	1,500	1,000	750
80萬	8,000	4,000	2,667	2,000	1,333	1,000
90萬	9,000	4,500	3,000	2,250	1,500	1,125
100萬	10,000	5,000	3,333	2,500	1,667	1,250
120萬	12,000	6,000	4,000	3,000	2,000	1,500
150萬	15,000	7,500	5,000	3,750	2,500	1,875

註：單位為元

> 假設通膨率2%、退休那年開始需要每年80萬元生活費，則退休時需有1,333萬元本金、放在年報酬率8%投資組合；若投資報酬率為6%，就得準備2,000萬元本金。如此一來直到終老，退休金本金都不會減少

利用 Excel 的「PMT」函數，即可快速算出 Lisa 在退休前，每月需投入金額為 9,748 元，投資組合年報酬率需有 10%，才能夠於 25 年後累積到 1,367 萬 1,700 元。

Excel 公式》退休前每月需投入金額

＝ PMT（投資報酬率, 準備年數, - 已有退休準備金, 退休金需求）／ 12

＝ PMT(10%,25,-200000,13671700)/12

＝ -9,748（負值代表現金流出）

步驟 4》設定退休前後的投資報酬率目標

退休前，如果投資報酬率愈高，那麼每月需要投入的金額也愈少。但也不能因為這樣，就讓資金處在過大風險當中，我認為退休前的投資報酬率，大約控制在 9% ～ 10% 即可。

在以股債配置構成的投資組合當中，股票型基金比重可以高一些。例如股票型基金占 60%，債券型基金占 40%，假設前者年投資報酬率 12%，後者為 6.5%，那麼這組投資組合的加權平均報酬率即為 9.8%。

到了退休後，因為不再有工作收入，需要更穩健的報酬，因此波動度必須再降低；例如股票型基金降至 20%，債券型基金提高至 80%，此時加權平均報酬率降至 7.6%，整體投資組合的穩定度也能提高。若想提高股票型基金的比重，我認為也不宜超過 30%，讓整體的加權平均報酬率維持在 8% 上下即可。

最後再複習一次投資標的。不論是股票型或者債券型基金，所投資區域應該愈大愈好，最好能涵蓋到全球，例如全球股票型基金；透過投資區域的分散，降低單一國家或區域的經濟風險。

債券型基金部分，在退休後的投資組合占比很高，更要謹慎選擇。不管是主

動式或被動式投資，「投資等級債基金」都是最令人安心的標的。至於深受台灣投資人青睞的「高收益債券型基金」，儘管配息高，但所持有的都是信用品質不佳的垃圾債，就本質而言，並不適合要求穩定的退休族。若真的非投資不可，占比也要盡量降低才行。

有些事情，不要因為害怕自己做不到，所以總是選擇逃避。準備退休金這件事也一樣，如果因為平時月收入只有幾萬元，就認為自己一輩子都不可能擁有上千萬元資產，乾脆不去面對；到了接近退休時才想要開始準備，恐怕會加倍的辛苦，成果也會不盡理想。

讀者看完整本書後，應該都能了解，只要透過適當的規畫，退休前年報酬率達到 9% ～ 10% 不是難事；而把準備時間拉長，經過 20 ～ 30 年要有一筆理想的退休金，也不會是天方夜譚。

我在書中所分享的方法與投資標的，都是根據我個人的實際投資經驗；如果讀者們有接觸到其他的投資方法，應該也能感受到，我的投資方法其實相當保守，因為我無法忍受辛苦賺來的錢，曝露在虧損的風險當中。如果連我這麼保守的投資方法都能讓我順利財務自由，那麼你也一定能夠做到。不過，我只能幫助大家做好正確的規畫，但是否能夠成功，就要依靠你的決心與執行力。

實戰操作　計算擁有「花不完的退休金」的每月應投資金額

可從「怪老子理財」網站（www.masterhsiao.com.tw）左側選項的「下載書籍之EXCEL檔案」，點選「怪老子的簡單理財課」，下載「想擁有『花不完的退休金』每月應投資多少錢」試算表，自行將條件填寫於左半部的黃色儲存格。以本章所提到的Lisa為範例，填寫方式如下：

STEP 1　填入退休前後年報酬率、預計退休年齡等項目

本張表格預設通貨膨脹率為2%（亦可自行修改），陸續填入❶「退休後年報酬率」（B2）、❷「退休前年報酬率」（B3），以及用目前物價估算❸「退休後每年需求費用現值」（B4）、❹「目前年齡」（B5）、❺「預計退休年齡」（B2）、❻「目前已有退休準備金」（B6，若沒有則維持空白即可）等數據。

	A	B	C	D	E
1	通貨膨脹率	2.00%			
2	退休後年報酬率	8.00% ❶			
3	退休前年報酬率	10.00% ❷			
4	退休後每年需求費用現值	500,000 ❸			
5	目前年齡	25 ❹			
6	預計退休年齡	50 ❺			
7	目前已有退休準備金	200,000 ❻			
8	通膨修正後每年費用				
9	退休金需求				
10	目前每月應投資金額				
11					
12					
13					
14					
15					
16					
17					
18					
19					

STEP 2

自動算出「退休金需求」、「目前每月應投資金額」

填寫完成後，❶「通膨修正後每年費用」（B8）、❷「退休金需求」
（B9）、❸「目前每月應投資金額」（B10）皆會自動顯示出計算結果。

	A	B	C	D	E
1	通貨膨脹率	2.00%			
2	退休後年報酬率	8.00%			
3	退休前年報酬率	10.00%			
4	退休後每年需求費用現值	500,000			
5	目前年齡	25	亦即若通膨率2％，25		
6	預計退休年齡	50	年後每年需有82萬303		
7	目前已有退休準備金	200,000	元，才會與目前的50萬		
8	通膨修正後每年費用 ❶	820,303	元等值		
9	退休金需求 ❷	13,671,717	「花不完的退休金」需有		
10	目前每月應投資金額 ❸	9,748	1,367萬1,717元		
11					
12		即每月需投入			
13		9,748元，25年			
14		後方可累積到「花			
15		不完的退休金」			
16					
17					
18					

註：1.「通膨修正後每年費用」（B8）公式：「＝退休後每年需求費用現值＊（1＋通貨膨脹率）^（預計退休年齡 - 目前年齡）」；2.「退休金需求」（B9）公式：「＝通膨修正後每年費用／（退休後年報酬率 - 通貨膨脹率）」；3.「目前每月應投資金額」（B10）「＝PMT（退休前年報酬率，（預計退休年齡－目前年齡），- 目前已有退休準備金，退休金需求）／12」

📖 延伸學習 **估算退休前後年投資報酬率**

若不清楚怎麼估算退休前後的年投資報酬率，可參考「想擁有『花不完的退休金』每月應投資多少錢」試算表的第2張工作表「退休前後年報酬率參考」。這張表格是假設股票型基金年報酬率12%、債券型基金年報酬率6.5%的狀況下，在配置不同比重時，整體投資組合能夠產生的加權平均報酬率。

例如，打算在退休前配置股票型基金與債券型基金各一半，則於❶「退休前配置」的「股票基金」欄位（B2）填入「50%」，旁邊欄位就會自動計算出債券型基金應占比重也是50%，而加權平均報酬率則為9.25%。退休後若打算將股債比例改為2：8，則在❷「退休後配置」的「股票基金」欄位（B3）填入「20%」，即可自動算出債券型基金比重為80%，加權平均報酬率為7.6%。

填寫欲配置的股票型基金比重

債券型基金所占比重、加權平均報酬率會自動顯示計算結果

	A	B	C	D	E	F	G
1		股票基金	債券基金	加權平均報酬率			
2	退休前配置 ❶	50%	50%	9.25%			
3	退休後配置 ❷	20%	80%	7.60%			
4	註：股票基金預設年報酬率12%，債券基金為6.5%						
5							
6							
7							
8							
9							
10							
11							
12							
13							
14							
15							
16							
17							

每月應投資金額　退休前後年報酬率參考　⊕

Note

國家圖書館出版品預行編目資料

怪老子的簡單理財課——不必死命存，一樣變有錢 /
怪老子著. -- 一版. -- 臺北市：Smart智富文化, 城邦
文化, 2019.06
　面；　公分
ISBN 978-986-97681-5-3(平裝)

1.理財 2.投資

563.5　　　　　　　　　　　　　108008989

Smart 智富

怪老子的簡單理財課——不必死命存，一樣變有錢

作者	蕭世斌（怪老子）
企畫	黃嫈琪

商周集團	
榮譽發行人	金惟純
執行長	郭奕伶
總經理	朱紀中

Smart 智富	
社長	林正峰（兼總編輯）
副總監	楊巧鈴
編輯	邱慧真、胡定豪、施茵曼、陳婕妤、陳婉庭、劉鈺雯
資深主任設計	張麗珍
版面構成	林美玲、廖洲文、廖彥嘉

出版	Smart 智富
地址	104 台北市中山區民生東路二段 141 號 4 樓
網站	smart.businessweekly.com.tw
客戶服務專線	（02）2510-8888
客戶服務傳真	（02）2503-5868
發行	英屬蓋曼群島商家庭傳媒股份有限公司城邦分公司

製版印刷	科樂印刷事業股份有限公司
初版一刷	2019 年 6 月
初版七刷	2022 年 2 月

ISBN	978-986-97681-5-3

讀者服務卡

WBSI0084A1
《怪老子的簡單理財課──不必死命存，一樣變有錢》

為了提供您更優質的服務，《Smart 智富》會不定期提供您最新的出版訊息、優惠通知及活動消息。請您提起筆來，馬上填寫本回函！填寫完畢後，免貼郵票，請直接寄回本公司或傳真回覆。Smart 傳真專線：（02）2500-1956

1. 您若同意 Smart 智富透過電子郵件，提供最新的活動訊息與出版品介紹，請留下
   電子郵件信箱：

2. 您購買本書的地點為：□超商，例：7-11、全家
   　　　　　　　　　　□連鎖書店，例：金石堂、誠品
   　　　　　　　　　　□網路書店，例：博客來、金石堂網路書店
   　　　　　　　　　　□量販店，例：家樂福、大潤發、愛買
   　　　　　　　　　　□一般書店

3. 您最常閱讀 Smart 智富哪一種出版品？
   □ Smart 智富月刊（每月 1 日出刊）　　□ Smart 叢書　　□ Smart DVD

4. 您有參加過 Smart 智富的實體活動課程嗎？　　□有參加　　□沒興趣　　□考慮中
   或對課程活動有任何建議或需要改進事宜：

5. 您希望加強對何種投資理財工具做更深入的了解？
   □現股交易　　□當沖　　□期貨　　□權證　　□選擇權　　□房地產
   □海外基金　　□國內基金　　□其他：

6. 對本書內容、編排或其他產品、活動，有需要改善的事項，歡迎告訴我們，如希望 Smart
   提供其他新的服務，也請讓我們知道：

您的基本資料：（請詳細填寫下列基本資料，本刊對個人資料均予保密，謝謝）

姓名：　　　　　　　　　　　　　　性別：□男 □女

出生年份：　　　　　　　　　　　　聯絡電話：

通訊地址：

從事產業：□軍人　□公教　□農業　□傳產業　□科技業　□服務業　□自營商　□家管

您也可以掃描右方 QR Code、回傳電子表單，提供您寶貴的意見。

想知道 Smart 智富各項課程最新消息，快加入 Smart 自學網 Line@。

104 台北市民生東路 2 段 141 號 4 樓

行銷部 收

●請沿著虛線對摺,謝謝。

書號:WBSI0084A1
書名:怪老子的簡單理財課──不必死命存,一樣變有錢